El arte de gastar dinero

MORGAN HOUSEL

El arte de gastar dinero

PEQUEÑAS DECISIONES PARA UNA VIDA MÁS RICA

 Planeta

La lectura abre horizontes, iguala oportunidades y construye una sociedad mejor. La propiedad intelectual es clave en la creación de contenidos culturales porque sostiene el ecosistema de quienes escriben y de nuestras librerías. Al comprar este libro estarás contribuyendo a mantener dicho ecosistema vivo y en crecimiento.

En Grupo Planeta agradecemos que nos ayudes a apoyar así la autonomía creativa de autoras y autores para que puedan seguir desempeñando su labor. Dirígete a CEDRO (Centro Español de Derechos Reprográficos) si necesitas fotocopiar o escanear algún fragmento de esta obra. Puedes contactar con CEDRO a través de la web www.conlicencia.com o por teléfono en el 91 702 19 70 / 93 272 04 47.

Título original: *The Art of Spending Money. Simple Choices for a Richer Life*

© Morgan Housel, 2025

Esta edición se publica por acuerdo con Portfolio, un sello de Penguin Publishing Group, una división de Penguin Random House LLC.

© de la traducción del inglés, Arnau Figueras Deulofeu, 2025

© Editorial Planeta, S. A., 2025
Diagonal, 662-664, 08034 Barcelona
www.editorialplaneta.es
www.planetadelibros.com

Primera edición: octubre de 2025
Depósito legal: B. 15.021-2025
ISBN: 978-84-08-30932-1
Composición: Realización Planeta
Impresión y encuadernación: Rodesa
Printed in Spain - Impreso en España

PEFC Certificado

Este libro procede de bosques gestionados de forma sostenible

PEFC

PEFC/14-38-00305   www.pefc.es

Para Kellie, el unicornio

Sumario

Nota del autor

Cuando escribí *La psicología del dinero*, quería explorar cómo reflexionamos sobre la riqueza y las inversiones: cómo nos influyen las emociones y las presiones sociales al tomar decisiones que fingimos que son puramente racionales.

Este libro, *El arte de gastar dinero*, es una continuación natural de aquella obra. Mientras que *La psicología del dinero* se centraba en cómo generamos riqueza, *El arte de gastar dinero* se centra en cómo la utilizamos.

Ninguno de los dos libros te dice qué hacer con tu dinero, porque cada persona es distinta. Pero en los dos se trata de entender qué ocurre en nuestra cabeza al usar el dinero. Y, en este aspecto, las personas somos mucho más parecidas.

Ambos libros parten de la misma idea general: en asuntos de dinero, tienen más peso los relatos que las cifras. Los relatos que nos contamos a nosotros mismos sobre lo que importa, lo que nos hace felices y la forma en que medimos el éxito.

Gastar el dinero es más un arte que una ciencia. No existe una fórmula universal ni unas reglas fijas. Lo que produce alegría a una persona puede hacer sentir vacía a otra. Así pues, al igual que con las inversiones, entender nuestras emociones —nuestros sesgos, esperanzas y miedos— puede orientarnos para que tomemos decisiones más acertadas. Decisiones que reflejen quiénes somos, qué valoramos y cómo queremos vivir.

Si *La psicología del dinero* nos enseñaba cómo obtener libertad, este libro trata sobre aprender a aprovecharla al máximo.

Vamos allá.

INTRODUCCIÓN
La búsqueda de la vida sencilla

En una ocasión, el doctor Dan Goodman operó mediante una cirugía ocular con láser a una mujer que quería dejar de llevar gafas. La paciente volvió a la consulta algunas semanas después para una visita de revisión; estaba abatida. Dijo que la cirugía le había arruinado la vida.[1]

La intervención había sido un éxito: ahora podía ver con claridad sin gafas, como no había podido hacerlo desde hacía años.

Goodman insistió: entonces, ¿cuál era el problema?

La paciente dijo que tenía la expectativa de que, una vez que dejase de llevar gafas, su marido la encontraría más atractiva y a sus compañeros de trabajo les parecería más inteligente. Darse cuenta de que eso no ocurría y de que el amor y el respeto no dependían de algo superficial como sus gafas la había dejado destrozada.

—Tiene usted un problema en el que yo no puedo ayudarla —zanjó Goodman—. Siento mucho no haberlo detectado antes.

Es desconcertante ser testigo de que alguien obtiene lo que pensaba que siempre había querido pero termina dándose cuenta de que la felicidad es más complicada de lo que había supuesto.

Y, madre mía, ni te imaginas lo cierto que es esto con respecto al dinero.

Hay un viejo refrán que dice que no hay nada peor que conseguir lo que quieres pero no lo que necesitas. Estas palabras sintetizan la relación de muchas personas con el dinero y el éxito. Aunque tengas la suerte de conseguir lo que quieres (dinero), quizás también te des cuenta de que eso no es lo que necesitas (familia, amigos, salud, formar parte de algo superior a ti). Y entonces te sientes decepcionado. ¿Hay algo peor que eso?

Este libro trata sobre el hecho de que la forma de gastar el dinero poco tiene que ver con las cifras y las hojas de cálculo, y mucho con la psicología, la envidia, las aspiraciones sociales, la identidad, la inseguridad y otras cuestiones que muy a menudo se ignoran en el ámbito financiero.

¿Con el dinero se puede comprar felicidad? Sí.

¿Puede hacerte más feliz el hecho de gastar dinero? Sí.

Sin embargo, la cuestión es más complicada de lo que mucha gente piensa. En medio de las cifras, los gráficos y los datos, está el desorden y la absurdidad de la mente humana. El dinero es una herramienta extraordinaria que puede proporcionarte una vida mejor si sabes cómo usarlo. Pero saber cómo emplearlo es algo muy distinto a saber cómo conseguirlo.

Dijo Winston Churchill que obtuvo más del alcohol de lo que el alcohol obtuvo de él. Siguiendo la misma lógica: yo he visto personas ricas cuyo dinero ha obtenido más de ellas de lo que ellas de él, porque se han pasado la vida persiguiendo el dinero con desesperación sin tener ni idea de cómo utilizarlo para que las hiciera más felices. También he visto personas con ingresos bajos obtener un valor enorme del poco dinero que tenían, utilizándolo como una fuente de apalancamiento para adquirir más de aquello que las hacía felices.

Lo que importa no es necesariamente cuánto dinero tienes. Lo importante es que entiendas y puedas controlar la psicología y los comportamientos que pueden hacer que la conexión entre dinero y felicidad sea más complicada de lo que suponemos.

Esta observación puede afectar tu vida de muchas formas.

Piensa en el joven sin blanca que se compra un coche que no puede permitirse porque cree que así sus amigos lo van a respetar y admirar.

O en alguien que ha ahorrado escrupulosamente durante toda su vida, pero no logra gastar una cantidad razonable de dinero al jubilarse porque la condición de «ahorrador» forma parte ya de su identidad.

O en la pareja joven que ahorra para la entrada de una casa de dos habitaciones cuyas expectativas aumentan de forma repentina porque un amigo acaba de comprarse una casa de tres habitaciones.

En la rica emprendedora que nunca cree tener suficiente.

En el obrero con un sueldo bajo que siempre cree tener bastante.

Ninguna de estas cuestiones tiene que ver con hojas de cálculo o cifras. Son mucho más confusas que eso. Para entenderlas hay que recurrir a la psicología y la sociología, y hay que comprender que cada persona es distinta. Que cada persona solo intenta ir viviendo de la mejor forma posible, encontrando sentido en el mundo a partir de las experiencias que ha tenido, quién quiere ser y lo que cree que los demás piensan de él.

En las facultades universitarias, las finanzas se enseñan como una ciencia, con fórmulas claras y conclusiones lógicas. Pero en el mundo real la gestión del dinero es un arte.

Yo trabajé de aparcacoches en un hotel de cinco estrellas de Los Ángeles mientras estudiaba en la universidad. Un día, el hotel acogió un salón de muestras de muebles de alta gama para la élite adinerada de la ciudad, al que se accedía solo con invitación.

Al salir, un hombre se acercó al puesto de los aparcacoches charlando con un amigo. Le contaba que acababa de gastarse 21 000 dólares en un sillón. Varios de mis compañeros y yo oímos la conversación y nos quedamos pasmados. Nos parecía inconcebible gastar tanto en una silla (¡una silla!).

El tipo vio nuestras caras de desconcierto y dijo:

—Ya lo sé, chicos. Pero, cuando tienes dinero, se supone que tienes que hacer estas cosas.

Me pareció una formulación interesante: «Se supone que tienes que hacer». ¿Realmente le gustaba aquel sillón? ¿O perseguía ciegamente lo que la sociedad le decía que tenía que gustarle y cómo tenía que gastarse el dinero?

Recuerdo que yo, que era un chaval de diecinueve años que aspiraba a ser rico algún día, pensé: ¿es eso lo que se supone que tendré que hacer dentro de un tiempo? ¿Se supone que tengo que estudiar muchas horas en la universidad y esforzarme durante décadas para progresar en mi carrera profesional con tal de poder contarles a mis amigos que me he comprado un sillón cualquiera que cuesta el equivalente a la mitad de los ingresos que obtiene en promedio una familia estadounidense?

¿Realmente eso me haría más feliz?

A medida que fui asimilando todo aquello, recuerdo que mi reacción pasó de la perplejidad a la risa, y al final casi sentí lástima por el hombre.

Conocí a bastantes de esas personas. Mi sensación era que muchas de ellas perseguían mecánicamente la riqueza sin saber por qué la querían, aparte del deseo primario de conseguir más. Se les daba muy bien ganar dinero. Pero su capacidad de transformar ese dinero en una vida significativamente mejor dejaba mucho que desear.

Desde luego, hay otra vía. Muchas personas han descubierto cómo utilizar el dinero como una herramienta que les proporcione cosas que sí las hagan más felices en la vida. Pero el hombre del sillón caro acertó: lo que la sociedad nos dice que se supone que tenemos que hacer con el dinero no siempre se corresponde con lo que deberíamos hacer para sacarle el máximo partido.

No es nuestra culpa. Una combinación de fuerzas evolutivas y sociales nos dicta —a menudo a voz en grito— lo que deberíamos querer: más dinero que los demás, cosas más grandes que los demás, juguetes más deslumbrantes que los demás. A veces eso sí es lo que queremos y lo que deberíamos perseguir. Pero, con mayor frecuencia, nos daremos cuenta de que gastar para demostrar a los demás cuánto dinero tenemos es una manera rápida de quedarnos sin blanca y una forma cara de obtener respeto. A menudo lo que conseguimos al final es sentir decepción.

A ver, entiéndeme: sí pienso que puedes utilizar el dinero para construir una vida mejor. Pienso que comprar cosas bonitas puede proporcionarte alegría. Me encantan la ambición, el trabajo duro y, por encima de todo, la independencia.

Sin embargo, tras escribir sobre dinero durante veinte años, no deja de sorprenderme lo mal que se nos da a la mayoría de nosotros saber qué queremos conseguir con el dinero o cómo utilizarlo como algo más que un indicador de estatus y éxito. Y déjame que sea claro: la mayor parte de este libro son reflexiones que se me han ocurrido intentando entender la relación entre el dinero y la felicidad en mi propia vida.

Si preguntamos a varios padres qué desean para sus hijos, muchos dirán: «Yo solo quiero que mis hijos sean felices».

¿Quieres que sean ricos y que tengan éxito? «Pues sí, claro —responderán—, pero lo que quiero por encima de todo es que sean felices.»

Esta es una idea fantástica. Pero muchos de esos mismos padres, en su propia vida, persiguen el dinero y el estatus a costa de la felicidad. Quizás el motivo por el que los padres desean la felicidad de sus hijos antes que el éxito es porque han visto los inconvenientes de perseguir ciegamente lo uno antes que lo otro.

Una vez le hicieron a Carl Jung, uno de los psicólogos más influyentes de la historia, la siguiente pregunta: «¿Cuáles considera usted que son más o menos los factores básicos que contribuyen a la felicidad de la mente humana?». Jung enumeró estos cinco:

1. Una buena salud física y mental.
2. Unas buenas relaciones personales e íntimas, como son las del matrimonio, la familia y la amistad.
3. La facultad de percibir belleza en el arte y la naturaleza.
4. Unas condiciones de vida razonables y un trabajo satisfactorio.
5. Un punto de vista filosófico o religioso que sea útil para sobrellevar con éxito las vicisitudes de la vida.[2]

Es evidente que tener dinero puede afectar algunos de estos puntos. Pero el dinero en sí —sobre todo, tener mucho— no es ninguno de los puntos.

———

Este libro no te enseñará cómo gastar el dinero. Si yo (o cualquier persona) pudiera hacer esto, la obra se titularía *La ciencia de gastar dinero*.

Pero a mí me interesa más el *arte* de utilizar el dinero. El arte no puede condensarse en una fórmula que sea válida para todo el mundo. El arte es complicado, a menudo contradictorio, y puede ser una ventana a tu personalidad. El arte de gastar dinero abarca aspectos como la individualidad, la avaricia, la envidia, el estatus y el arrepentimiento. De eso trata este libro.

A lo largo de la obra, intento abordar el arte de gastar dinero desde varios ángulos. Pero encontrarás algunos denominadores comunes:

1. **Hay dos formas de usar el dinero.** Por un lado, como una herramienta para vivir una vida mejor. Por el otro, como un criterio para evaluar el estatus propio con respecto a los demás. Muchas personas aspiran a lo primero, pero se pasan la vida persiguiendo lo segundo.

2. **El dinero es una herramienta que puedes usar. Aunque, si no vas con cuidado, te usará a ti.** Va a utilizarte sin piedad y a menudo sin que tú ni siquiera te des cuenta. Para muchas personas, el dinero es al mismo tiempo un activo financiero y una carga psicológica. Las ansias ciegas de conseguir más pueden secuestrar tu identidad, controlar tu personalidad y arrinconar partes de tu vida que proporcionan una mayor felicidad.

3. **Con el dinero se puede comprar la felicidad, pero a menudo la vía es indirecta.** El dinero en sí no permite comprar la felicidad, pero puede ayudarte a desarrollar independencia y a encontrar una razón de ser, dos ingredientes clave para tener una vida más feliz si los cultivas. Una casa grande y bonita puede hacerte más feliz, pero más que nada porque facilita que invites a familiares y amigos, y los amigos y la familia son lo que realmente te hace feliz.

4. **La felicidad duradera la alcanza el que se conforma, así que las personas que son más felices cuando tienen dinero suelen ser las que han encontrado una forma de dejar de pensar en él.** Puedes valorarlo, apreciarlo e incluso

maravillarte ante el dinero. Pero, si piensas todo el rato en él, es probable que tengas una obsesión, que te controle. El mejor uso del dinero es como una herramienta para potenciar quién eres, pero nunca para definirte.

5. **Si no tienes claro cómo sería una vida mejor, es fácil suponer que podría serlo «una vida con más dinero».** Pero eso a veces puede enmascarar problemas más profundos. El dinero es algo tan tangible que es una meta fácil a la que aspirar, y perseguir ese objetivo puede convertirse en el camino más fácil para quienes no han descubierto lo que de verdad les alimenta el alma.

6. **Todos podemos emplear el dinero para que nos haga más felices. Pero no existe una fórmula universal sobre cómo hacerlo.** Las cosas bonitas que me hacen feliz a mí pueden parecerte un disparate a ti, y al revés. A menudo los debates sobre qué estilo de vida deberíamos llevar no consisten en nada más que en individuos con personalidades distintas hablando a la vez. Luke Burgis lo expresa de otra forma: «Una vez que hemos satisfecho nuestras necesidades básicas como animales, entramos en el universo humano del deseo. Y saber qué se quiere es mucho más difícil que saber qué se necesita».[3]

En su libro *The Quest of the Simple Life* («La búsqueda de la vida sencilla»), publicado en 1907, William Dawson cuenta que a muchos de sus compañeros de Londres, tras dedicar su vida al dinero y el éxito, aún se les veía tristes. En cambio, los que llevaban una vida sencilla en el campo estaban alegres.

Su principal observación era que quienes intentaban conseguir más dinero se volvían, de hecho, esclavos de él. Estaban tan obsesionados con la riqueza que el dinero se adueñaba de su sensatez, sus relaciones y su calidad de vida. Lo que pretendían que fuera una estrategia para vivir una vida mejor a menudo se convertía en una ideología a la que estaban sometidos, como a un dictador invisible. Querían conseguir más dinero para poder ser más felices. Pero el dinero les permitía comprar todo salvo la capacidad de no obsesionarse con el dinero, lo que les provocaba una ansiedad constante, que a su vez les generaba infelicidad. Era un círculo vicioso. Y la mayoría de ellos no se daban cuenta.

A veces aquello en lo que gastas dinero tiene tanta influencia sobre tu comportamiento que no está claro si posees las cosas o ellas te poseen a ti. Benjamin Franklin lo expresó muy bien: «Muchos hombres piensan que están comprando placer, cuando en realidad están vendiéndose a él como esclavos».[4]

Dawson escribió que la vida ideal era una vida sencilla. Una vida sencilla también puede ser extravagante, con casas caras y abundancia de lujos y caprichos. La sencillez radica en que el dinero está a tu servicio, no al revés. El estilo de vida que elijas llevar apenas importa: lo que importa es que sea de verdad algo que has elegido y no que seas adicto al mero encanto de esa manera de vivir. Dawson escribió que su objetivo no era ganarse la vida, sino construir una vida, y solo un loco sacrificaría su vida real por la búsqueda interminable de una vida imaginariamente mejor.

La búsqueda de lo que es para ti una vida sencilla —da igual cómo elijas vivirla— empieza entendiéndote y analizándote a ti mismo con profundidad. En el siguiente capítulo empezaremos por ahí, con una historia sobre cómo entender a los niños con problemas de adaptación social.

Todo comportamiento tiene sentido cuando dispones de suficiente información

La mayoría de los debates sobre aquello en que merece la pena gastar dinero no son, en realidad, más que personas con distintas experiencias vitales hablando a la vez.

Hay una pregunta importante que me encanta: ¿qué has experimentado tú que yo no haya vivido y te hace creer en lo que haces? Y ¿vería yo el mundo igual si experimentase lo que has vivido tú?

Esto es válido para muchas cosas en la vida. Incluido el dinero.

La cuestión más importante a la hora de utilizar el dinero, causa de mucha frustración y decepción financiera, es que no hay una forma «correcta» de hacerlo. No existen unas leyes universales que establezcan una manera de gastarse el dinero que haga sentirse feliz y realizado a todo el mundo.

Aquello en lo que a mí me gusta gastarme el dinero quizás no tenga ningún sentido para ti. Mis miedos podrían ser tus alegrías. Tu objetivo podría ser aquello que yo más quiero evitar.

Hay una máxima que dice lo siguiente: nunca te rías de alguien por pronunciar mal una palabra en inglés, porque significa que la ha aprendido leyendo. Y de ahí podemos extrapolar lo que sigue: nunca te rías de cómo alguien se gasta su dinero, porque lo ha aprendido viviendo.

Cada uno es producto de su pasado. Para entender por qué las personas se gastan el dinero de la forma en que lo hacen, debes ahondar en sus experiencias vitales.

Mi cuñado es educador social. Trabaja con niños que proceden de entornos de extrema pobreza y de hogares desestructurados que van entrando y saliendo de centros de acogida.

Muchos de esos niños tienen dificultades en el colegio. Se portan mal. Se saltan clases. No prestan atención. Se meten en peleas en el recreo. No logran centrarse en el futuro.

Es fácil que la gente no solo critique el comportamiento de esos niños, sino que se quede perpleja ante su conducta.

«¿Por qué actúas de esa forma?»; «¿Por qué no puedes entender que, si te portas mejor, tendrás un futuro mejor?»; «¿Cómo es posible que pienses que está bien hacer eso?».

No obstante, en el sistema de acogida circula la siguiente máxima: todo comportamiento tiene sentido cuando dispones de suficiente información.

Una vez que entiendes aquello con lo que algunos de esos niños han lidiado en casa —incertidumbre, falta de seguridad, amor y atención—, su comportamiento empieza a cobrar sentido. Están constantemente en modo supervivencia y no han aprendido nunca algunas de las habilidades sociales básicas que para otros niños son obvias.

No se trata de fomentar, ni siquiera de justificar, su conducta. Pero, en cuanto ves el mundo a través de sus ojos, enseguida entiendes por qué alguien puede tomar decisiones que a ti y a mí nos parecen un disparate.

Todo comportamiento tiene sentido cuando dispones de suficiente información: también el comportamiento asociado a las distintas formas en que nos gastamos nuestro dinero.

———

A finales de los años veinte del siglo pasado, Estados Unidos estaba acercándose al término de un ciclo económico y social completo. Después de la devastación de la Primera Guerra Mundial, llegó una recesión sin precedentes. Y luego, tras una década de miseria, la gente —por fin— pudo disfrutar de un bum económico que dio nombre a los felices años veinte.

Y decir que fueron felices no les hace justicia: aquello fue una fiesta absoluta. A mediados de los años veinte, durante más de cinco años, la economía se vio estimulada por la deuda barata, una burbuja del mercado de valores y el alcohol de contrabando.

En junio de 1928, el columnista Robert Quillen escribió un titular de periódico que en pocas palabras describe algo muy simple e importante:[1]

> **Cuanto Más Te Ignoraron Mientras Eras Pobre, Más Disfrutas Mostrando Tu Riqueza.**
> === Por ROBERT QUILLEN ===

Eso es. En buena medida, el deseo que hubo a finales de los años veinte de presumir de riqueza con nuevos coches, nueva ropa y nuevos juguetes fue una reacción a la pobreza y la incertidumbre que precedieron al período.

Cuando has estado reprimido y luego te sientes liberado de repente, una reacción habitual es apresurarte con frenesí a recuperar el tiempo perdido. El historiador Frederick Lewis Allen escribió lo siguiente sobre esa época:

Al igual que el veraneante que de repente se ve libre, el país sintió que debía disfrutar más de lo que lo estaba haciendo, y que la vida era algo vano y nada importaba mucho. Pero que, mientras tanto, ¿por qué no?, podía jugar: imitar a los demás y hacerse con los nuevos juguetes que estaban divirtiendo a las masas.[2]

Los ciudadanos parecían justificar un gasto descontrolado e insostenible porque estaban compensando la represión y contención de los años de miseria. Era como si estuvieran corrigiendo un error, como si se vengaran. No estaban gastando sin control porque hubieran hecho números y hubieran decidido que aquello era lo correcto. Intentaban curar una herida emocional.

Ese comportamiento es imperecedero y explica muchas cosas.

Un familiar cercano se crio en un entorno de extrema pobreza y en un hogar desestructurado, humillado de todas las formas posibles. Más adelante se convirtió en un empresario de éxito. Cuando su hija estaba preparándose para ir a la universidad, le dijo: «Elige la facultad más cara de las que acepten tu solicitud». Mandar a su hija a una facultad cara era un símbolo tan poderoso de lo que había superado que era casi como si prefiriera pagar el precio más descabellado posible. Una matrícula universitaria elevada era como un trofeo social que lo hacía sentir de maravilla con respecto a su trayectoria vital.

Si no creciste en un entorno como esa persona, para ti esto quizás no tenga ningún sentido. Pero ahí está la cuestión: buena parte de los gastos no tienen sentido hasta que no vas quitando las capas de la personalidad de un individuo e identificas esa cosa concreta que intenta lograr o el hueco que intenta llenar.

La forma en que tu pasado influye en tus decisiones de gasto puede manifestarse de distintas maneras, con resultados opuestos dependiendo de la persona. Tiffany Aliche —una exmaestra de preescolar que se ha convertido en una divulgadora financiera con un éxito apabullante— dijo una vez que sufre «un trastorno postraumático por pobreza». Debido a eso le ha costado gastarse la riqueza que ha amasado en los últimos años. «Durante mucho tiempo no tuve ni un duro, y lo que viví fue tan extremo que me da miedo volver a aquella situación», asegura Aliche.[3]

Al intentar encontrar sentido a los hábitos de gasto —los tuyos o los de los demás—, debes empezar por entender que las personas no solo utilizan el dinero para comprarse cosas que les parecen entretenidas o útiles. A menudo sus decisiones son un reflejo de las experiencias sociales y psicológicas de su vida. Y, como las experiencias vitales varían muchísimo entre una persona y otra, lo que tiene sentido para ti podría parecerme una locura a mí, y al revés.

Gastarse un dineral en un título universitario puede parecerle un desperdicio a una persona, un requisito innegociable a otra y la señal definitiva de ascenso social a otra. El mismo producto entraña significados muy distintos para individuos diferentes.

Para alguien que nació en una familia rica de toda la vida, un Lamborghini puede ser un símbolo de egocentrismo vulgar; para alguien que se crio pobre como una rata, ese mismo coche podría servir como el símbolo por excelencia de que has triunfado en la vida.

Nadie debería fingir que hay una respuesta correcta a estas preguntas, porque satisfacen una necesidad psicológica diferente en cada persona.

Un abogado que trabaja cien horas a la semana y que detesta su empleo quizás tenga la necesidad de hacer gastos frívolos para compensar el sufrimiento que le supone ganarse la nómina. Nunca he visto que el dinero haya abierto un agujero en el bolsillo de alguien tan deprisa como cuando un banquero de inversión cobra su prima anual. Tras doce meses elaborando modelos con Excel hasta las tres de la madrugada, sientes la necesidad de demostrarte que ha valido la pena, de compensar lo que has sacrificado. Es como alguien a quien le obligan a estar un minuto bajo el agua: cuando sale a la superficie, no toma una respiración serena, sino que jadea. Muchas veces se gasta jadeando. Y una idea relacionada con esto: me he dado cuenta de que quienes son más capaces de retrasar la gratificación son con frecuencia quienes disfrutan de su trabajo. Quizás el sueldo esté bien, pero no sienten la necesidad de compensar el trabajo duro con mucho gasto.

La conclusión relevante de todo esto es la siguiente: la mayoría de los debates sobre aquello a lo que vale la pena destinar dinero no son, en realidad, más que personas con distintas experiencias vitales hablando a la vez. Cuánto deberías gastarte y por qué los demás utilizan el dinero de la forma en que lo hacen empieza a tener sentido cuando aceptas que personas que han tenido vidas distintas a la tuya quieren cosas distintas de las que puedas querer tú.

Creo que es una señal de profunda inmadurez pensar que, como a ti te gusta gastarte el dinero de cierto modo, los demás también deberían hacerlo así. Es una señal de profunda inmadurez pensar que, como tú no valoras algo, nadie más debería hacerlo. El mundo no funciona así. Lo que para ti es un gasto razonable y gratificante, a mí puede parecerme absurdo. Lo que para mí es obligatorio a ti puede parecerte un desperdicio.

El ingeniero de *software* Billy Markus afirma lo siguiente: «Las personas no son racionales; solo racionalizan. Una vez que entiendes este simple hecho, de repente los comportamientos humanos más extravagantes cobran mucho más sentido».[4]

Por eso hay que ver la utilización del dinero como un arte, no como una ciencia. No existen respuestas universales que aclaren cómo hacerlo o qué merece la pena. Lo mejor que podemos hacer es llegar a entender bien lo variadas que pueden ser las mentes humanas y lo variadas que son nuestras preferencias a la hora de gastarnos el dinero.

———————

La psicóloga Lisa Feldman Barrett estudia de dónde proceden las emociones.

La perspectiva clásica en psicología es que las emociones están profundamente arraigadas desde el nacimiento, consecuencia de eones de evolución que han dictado que lo que da miedo, es divertido o insultante para mí debería serlo también para ti y para todos los seres humanos.

Barrett se ha pasado treinta años demostrando que la realidad es más compleja: «Las emociones no están integradas en tu cerebro al nacer —asegura—. Las va desarrollando el cerebro a medida que las necesitas».[5]

Desde el momento en que naces, empiezas a aprender que una cosa da miedo, que otra es divertida o que tal cosa debería hacerte enfadar. Se te enseña incluso a responder: haz una mueca así cuando estés enfadado para transmitirle a tu interlocutor cómo te sientes.

Lo importante es que las emociones se *aprenden*. Son producto de la cultura y el entorno en el que nos criamos. Escribe Barrett:

Conceptos como la *rabia* o el *asco* no están predeterminados genéticamente. Los conceptos emocionales con que estás familiarizado son inherentes porque creciste en un contexto social concreto en el que esos conceptos emocionales son significativos y útiles, y tu cerebro los aplica, sin que tú seas consciente, para construir tus experiencias.[6]

Lo fascinante es contemplar lo diferentes que pueden ser las experiencias vitales de cada persona.

Un niño pobre de África aprende a asustarse por cosas distintas que un niño rico de California. De pequeño, un niño de Manhattan aprende a buscar el placer en cosas distintas que un granjero de Iowa. Sentimientos de los más básicos y aparentemente fundamentales —como la alegría, el miedo, la vergüenza o el orgullo— varían entre culturas, familias e individuos.

Un comportamiento que a ti te avergüenza podría hacerme sentir orgulloso a mí.

Lo que yo temo a ti podría entusiasmarte.

Tus objetivos podrían ser mis pesadillas.

Y no varían solo las emociones. Lo que es *de sentido común* en una cultura puede parecer absurdo y retrógrado en otra. El psicólogo Jonathan Haidt señala que es perfectamente aceptable que un hijo de veinticinco años se dirija a su padre por su nombre de pila en Estados Unidos, pero se considera moralmente incorrecto —universalmente incorrecto— en otras culturas.[7] Encontramos diferencias parecidas al hacer preguntas básicas sobre la preparación de la comida, la higiene, la crianza de los hijos o el trato que hay que dar al cónyuge. Si definimos el «sentido común» como verdades en las que está de acuerdo todo el mundo, encontramos que es algo bastante inhabitual y se restringe a cosas científicamente objetivas, como que $2 + 2 = 4$. El autor David McRaney señala que «las realidades por consenso son en su mayor parte resultado de la geografía».[8]

Todo esto hace que existan diferencias extremas en lo que la gente considera que es un riesgo que merece la pena, un pequeño experimento entretenido, un inofensivo placer culpable o una necesidad gratificante.

Fijémonos en un ejemplo que pone el autor Rob Henderson, que de pequeño pasó por diez hogares de acogida y terminó obteniendo un doctorado en Psicología en la Universidad de Cambridge:

> Un estudiante adinerado de una universidad de élite puede experimentar con la cocaína y es probable que no le pase nada. Sin embargo, en el caso de un chaval de un hogar disfuncional con progenitores ausentes es más probable que, tras ese primer colocón de cristal, no pare hasta autodestruirse. Esto puede explicar por qué, en una encuesta que hizo en 2019 el Cato Institute, se halló que más de un 60 por ciento de los estadounidenses con al menos un grado universitario estaban a favor de legalizar las drogas, mientras que menos de la mitad de los estadounidenses sin estudios universitarios pensaban que era una buena idea. Las drogas pueden ser un pasatiempo para los ricos, pero para los pobres suelen ser la puerta de entrada a un dolor mayor.[9]

Pero volvamos a mi cuñado, el educador social.

Una vez me contó una anécdota que le ocurrió al intentar convencer a un matrimonio pobre del valor de ahorrar, aunque fuera solo una pequeña cantidad de dinero, para evitar que los desahuciaran de su piso al mes siguiente.

«Se rieron de mí», me dijo. Esta fue la conversación:

—Tú *futurizas* —le espetó el marido, riéndose más fuerte.

—¿Cómo? —respondió mi cuñado.

—Que futurizas. Tú cuentas con el lujo de pensar en el futuro. Nosotros no. Para nosotros, el futuro son las próximas veinticuatro horas. A veces es una ventana de cinco minutos, por ejemplo, dónde vamos a conseguir la próxima comida. Esto es lo máximo que futurizamos.

Se gastaban hasta el último centavo que tenían lo más rápido posible en parte porque su concepto de «futuro» era diferente del que podríamos tener tú o yo. No había ninguna coincidencia sobre lo que podría considerarse sentido común.

Tom Gayner, director ejecutivo de Markel Group, una vez contó lo que le había ocurrido en una ocasión comiendo con su hija, que es abogada de oficio. Al preguntarle por un caso reciente, la hija de Gayner le habló de un hombre que había entrado en un restaurante, había pedido un plato, se lo había comido y había intentado pagar literalmente con dinero del *Monopoly*.

—¿Ese tío era tonto, imbécil o quería gastar una broma? —preguntó Gayner.

—Papá, era pobre y tenía hambre —le respondió la hija—. Mis clientes son maestros zen del ahora mismo. Para ellos no hay pasado ni futuro. Ese hombre, simplemente, estaba hambriento.

Este es un ejemplo radical, pero todos nosotros —tú, yo, todo el mundo— vivimos alguna versión de eso mismo. Hay muchísimos casos, tanto de personas ricas como pobres, que ponen de manifiesto que tus valores son iguales que tus preferencias, y que tus preferencias se basan en intentar reconciliar tus necesidades actuales con las lecciones aprendidas a partir de tus experiencias pasadas, que son únicas.

Y esto me lleva a darte dos consejos, ambos claves para entender el arte de gastar dinero:

1. **No dejes que nadie te diga en qué deberías gastarte o no el dinero. No hay una forma «correcta» de hacerlo. Tienes que averiguar qué te hacer sentir feliz y realizado (volveremos a esto más adelante).**

«Las finanzas personales son más personales que finanzas»,[10] afirma el asesor financiero Tim Maurer. Esta es una de las citas más inteligentes sobre economía que he oído nunca.

Muchos problemas de dinero surgen porque la gente gasta o ahorra de la forma en que piensa que debe hacerlo, pero que no se corresponde con su personalidad. Las personas buscan una respuesta general a un problema que es de lo más personal. Es como vivir la vida forzándote a ser alguien que no eres.

La mayoría de las personas te entienden si te gusta la cocina italiana, pero mi favorita es la mexicana. Nadie está equivocado; solo es cuestión de preferencias.

No obstante, esta lógica se va al garete cuando la amplías al tipo de casa en el que vives, a la ropa que llevas, a cuándo vas a jubilarte, a la frecuencia con que viajas o a lo a menudo que comes en restaurantes. Da igual cómo vivas, muchas personas —amigos, familia, compañeros de trabajo, troles virtuales— no van a tardar ni un minuto en decirte que lo estás haciendo mal.

Hasta que no reconoces lo personal y emocional que puede ser nuestra relación con el dinero, no te das cuenta de que estás solo en este camino. Quizás tu cónyuge y tus hijos formen parte de la ecuación, pero llega un momento en el que tienes que encontrar tu propia vía, sin miedo a lo que piensen los demás.

2. Cuidado con juzgar cómo los demás se gastan su dinero.

El humorista George Carlin dijo: «¡Todas las personas que conducen más lento que tú son unos idiotas y todas las que conducen más deprisa son unos locos!».[11] Es natural que veamos las decisiones ajenas como algo equivocado cuando difieren de las nuestras.

Hay algunos puntos de este libro en los que critico las decisiones de gasto de otras personas. Pero intento restringir esas críticas a ocasiones en las que pienso que es obvio que alguien se ha gastado el dinero de una forma que va en detrimento de su propia felicidad.

Una cosa es que alguien no entienda las consecuencias de las decisiones que toma. Quizás esa persona necesite ayuda y orientación. Otra muy distinta es criticar las decisiones de alguien solo porque son diferentes de las tuyas.

A algunas personas puede costarles entender por qué no puedes ver las cosas como las ven ellos. Comprendo por qué sucede esto: si yo tomo la decisión de llevar un estilo de vida distinto al tuyo, tú puedes ver eso como un ataque a la decisión que has tomado; sobre todo si sigues teniendo dudas o no estás del todo seguro de tu decisión, algo que nos pasa a todos.

El peligro es que, si critico cómo tú utilizas el dinero, puedo convencerme de que hay una forma correcta de usarlo: la manera en que lo hago yo. Pero eso puede impedir que sea más introspectivo con respecto a mis propias decisiones, que me pregunte si podría hacerlo mejor o que intente entender mis emociones. Juzgar a los demás requiere una confianza terca en uno mismo, lo cual puede impedirte crecer.

Una filosofía financiera saludable es tener respeto por las experiencias de los demás, saber apreciar la propia y entender que todo comportamiento tiene sentido cuando dispones de suficiente información.

Y ahora déjame contarte otra historia sobre el respeto y la admiración.

Un poco de atención, por favor

Piensas que quieres cosas bonitas, pero en realidad lo que quieres es respeto, admiración y atención.

Si no tienes claro cómo sería una vida mejor, es fácil suponer que podría serlo «una vida con más dinero».

Esta idea es tan simple que influye a muchas personas. «Cómo vivir una buena vida» es una de las cuestiones más complicadas de las que los filósofos han debatido durante miles de años. Y «más dinero» es algo muy fácil y cuantificable a lo que aspirar.

No obstante, el deseo de tener más dinero y de conseguir las cosas que ese dinero permite comprar a menudo enmascara lo que quieres de verdad: el respeto y la admiración de los demás.

Una conclusión que se puede sacar con facilidad es que, si tuvieras más dinero, podrías comprarte un coche más bonito y una casa más grande, y, si tuvieras un coche más bonito y una casa más grande, la gente te respetaría y te admiraría más.

A veces así es. Pero déjame que exponga mi interpretación personal.

He escrito una carta a cada uno de mis hijos con la esperanza de transmitirles algunas lecciones financieras que he aprendido en la vida. Algo que les escribí a los dos es que tal vez pienses que quieres un coche más bonito y una casa más grande, pero ya te digo que no es eso lo que quieres. Lo que quieres en realidad es el respeto y la admiración de los demás, y piensas que tener cosas bonitas te los va a proporcionar.

Pero eso casi nunca sucede —al menos, no tanto como esperabas—, sobre todo con aquellas personas que más quieres que te respeten y te admiren.

————————

Me encanta eso que llaman obituario inverso. Prueba a hacerlo tú: escribe lo que quieres que diga tu obituario y luego averigua cómo deberías vivir para estar a la altura de ese ideal.

Esa es la forma más clara y sencilla de trazar lo que quieres en la vida y lo que importa de verdad.

El obituario que escribirá cada uno será distinto para cada persona. Pero sospecho que la mayoría de la gente querrá que el suyo diga: fuiste querido. Fuiste respetado. Fuiste admirado. Fuiste útil. Fuiste un buen padre, un buen cónyuge, un amigo solícito. Fuiste un activo para tu comunidad. Hiciste una aportación a tu sector. Fuiste sensato, divertido e inteligente.

Ahora date cuenta de lo que no contiene este obituario.

Casi nadie que hiciera este ejercicio imaginaría que su obituario mencionase los caballos de potencia que tiene su coche, cuántos metros cuadrados tiene su casa o cuánto se ha gastado en ropa. No se mencionaría su salario, ni cuántos quilates tiene su anillo de boda, ni que reformó la cocina con mármol importado de Italia.

A mí me gustan las cosas bonitas. Tengo algunos objetos caros. Pero siempre me sorprende el contraste entre lo que la gente quiere y aquello a lo que la gente aspira.

El motivo por el que en tu obituario ideal se mencionarían pocas cosas materiales es que sabes de forma natural que en realidad esas cosas no importan.

En su libro *Ansiedad por el estatus*, Alain de Botton escribe:

El impulso predominante que hay detrás de nuestro deseo de ascender en la jerarquía social puede tener su origen no tanto en los bienes materiales que podamos acumular o el poder que podamos ejercer como en la cantidad de amor que es probable que se nos prodigue como consecuencia de un estatus elevado.

Vemos las cosas bonitas como el billete que nos permitirá conseguir lo que de verdad deseamos: atención.

Esto no es algo que se haya descubierto en la actualidad. Poco tiene que ver con las redes sociales o con que las personas se hayan vuelto más materialistas. Es una reacción muy humana. El gran economista Adam Smith escribió en 1759: «¿Para qué sirve todo el esfuerzo y el ajetreo de este mundo? ¿Cuál es el fin de la avaricia y la ambición, del afán de riqueza, poder y predominio? ¿Es para satisfacer las necesidades de la naturaleza?».[1]

Por supuesto que no, sostenía Smith, porque en su época incluso los trabajadores con salarios bajos disponían de alimentos, techo y familia.

Lo que motiva el ajetreo del mundo, escribió Smith, es que «ser observado, que te presten atención, que se fijen en ti con compasión, indulgencia y aprobación son las ventajas que a nuestro entender derivan de ello. Lo que nos interesa es la vanidad, no la comodidad o el placer».

Es una afirmación asombrosa: valoramos la atención que nos da el dinero más de lo que valoramos las comodidades que nos aporta aquello que el dinero permite comprar.

Esta idea es válida para distintas personas con intensidades distintas. Y, aunque aceptes que el deseo de conseguir cosas bonitas es una estrategia para captar la atención ajena, creo que es justo decir: «¿Y qué? Si lo que deseo es respeto y atención, y tener un coche magnífico me lo proporciona, ¿dónde está el problema?».

Quizás no suponga ningún problema, pero déjame que te dé un argumento más matizado: hay casos en los que el deseo de las personas de presumir de cosas lujosas es porque es la *última* forma que les queda o incluso la *única* forma que tienen de obtener respeto y admiración. Si te cuesta ser respetado y admirado mediante tu inteligencia, sentido del humor, empatía y capacidad de amar, quizás recurras a la única palanca que te queda (la menos eficaz): tus cosas. Mira qué coche tengo, hace ¡piiii!, ¡piiii! y run-run.

Las tres variables más importantes al buscar distintas formas de captar la atención de los demás —un prerrequisito para que te respeten y te admiren— son las siguientes: ¿hasta qué punto es eficaz, en qué medida es duradero y quién te presta atención?

Analicemos cada punto:

¿Hasta qué punto es eficaz? Gastarte dinero en cosas bonitas quizás sea la forma más rápida de captar la atención de alguien porque es algo visible, público y que no requiere hablar con nadie.

¿En qué medida es duradero? Si hoy me impresiona tu coche, tal vez te dedique cierta atención. Pero mañana el impacto se diluirá un poco. Dentro de un mes voy a bostezar al ver tu coche. Y dentro de un año me importará un bledo.

¿Quién te presta atención? Sobre todo personas desconocidas, e, incluso en ese caso, hay que matizar que, cuando un desconocido ve tu coche, se queda embobado mirando el vehículo, no a ti. ¿Tu pareja se fija en tu coche? ¿Y tus padres? ¿Y tus amigos más cercanos? ¿Y tus hijos? Por supuesto, pero es probable que sea la última cosa que usen para medir cuánto te respetan y admiran. A esas personas suele importarles mucho más lo amable, divertido, inteligente, solícito y cariñoso que seas.

Así pues, es probable que gastar dinero sea la forma más rápida de captar la atención, pero esa atención no perdura en el tiempo, y es probable que sea la menos eficaz con las personas cuyo respeto y admiración deseas de verdad. Es como la comida basura: es muy tentadora, satisface al instante, pero es perjudicial a largo plazo.

Mi objetivo no es decirte que no te molestes en intentar captar la atención con tu coche, tu casa o tu ropa. La señalización social es importante para encajar en una sociedad y para que a uno le vaya bien en la vida. Pero, en cuanto ves el hecho de gastarte dinero en objetos para conseguir la atención de los demás como la comida basura del respeto y la admiración, disminuye el deseo de seguir gastando en cosas que solo sirven para presumir de lo exitoso que eres.

Sospecho que, si tu humorista, actor o deportista favorito se quedase sin un duro, tu opinión sobre él no cambiaría mucho. No afectaría mucho a tu admiración por él, porque lo admiras por talentos que no pueden comprarse con dinero.

El exjugador de fútbol americano Chad Johnson contó una vez por qué algunas personas pensaban que era tacaño: no hay ninguna necesidad de presumir de tu riqueza material cuando ya tienes tanto prestigio que la gente te respeta y te admira solo por tus talentos:

> Si puedes llegar a un punto de tu carrera en el que tu prestigio es superior a cualquier cosa que puedas comprar, ahí está tu valor.
>
> No hay nada que pueda comprar que sea más grande que mi prestigio. Así pues, no tenía ningún sentido [comprar joyas]. ¡Yo soy yo! Es absurdo.[2]

Incluso cuando Amazon ya se había convertido en una empresa enorme y exitosa, Jeff Bezos conducía un Honda Accord.[3]

Hoy en día tiene un yate de 500 millones de dólares.[4] ¿Se le respeta y admira más por ello? Ni en lo más mínimo. Podría desplazarse en una bicicleta barata y la gente lo admiraría por ser el mejor emprendedor de nuestra época, porque eso es lo que es. Steve Jobs vivía en una casa sin muebles.[5] Y no importaba. Era un icono.

Todos estos casos son de personas famosas y son ejemplos extremos. Pero nosotros, la gente común, podemos aprender mucho de ello. Si obtienes tu respeto y admiración por quién eres y no por lo que posees, tu deseo de gastar más en cosas ostentosas cae en picado.

Y es probable que pueda decirse lo mismo de las personas a las que más admiras. Yo quiero y admiro a mis padres, y ya te digo que no es por la ropa que llevan. ¿No puede sacarse una gran lección de ello? Ganarse el respeto y la admiración con lo que uno hace y no con lo que uno posee, ¿no debería ser ese el objetivo?

En su libro *Never Enough* («Nunca suficiente»), Jennifer Breheny Wallace escribe que «el orgullo puede sentirse de dos formas: intrínsecamente, cuando estás orgulloso de ti mismo de verdad; y extrínsecamente, cuando las opiniones de otra persona te dicen cómo deberías sentirte, lo que los psicólogos denominan orgullo soberbio».

En buena medida, el gasto de dinero en la época contemporánea es un intento de alimentar lo segundo. Pero, también en buena medida, el orgullo profundo y gratificante que deseamos de forma natural proviene de lo primero: estar orgulloso de quién eres y de lo que has hecho más que de lo que llevas puesto o del vehículo que conduces. Quizás lo más importante es lo que afirmó una vez el psicólogo Tim Kasser: que las personas que valoran más el orgullo extrínseco tienen una capacidad menor para desarrollar orgullo intrínseco.

Es como si a quienes se alimentasen con comida basura (estatus material) les quedase menos apetito para ingerir alimentos nutritivos (familia, amigos, inteligencia, humor, amor). En estudios a largo plazo se ha identificado que las personas que valoran más el orgullo extrínseco tienen una mayor probabilidad de desarrollar ansiedad, depresión o de consumir alcohol en exceso.[6]

El deseo de alardear puede ser muy natural. Me he fijado en que las personas que más aspiran a tener coches deportivos de lujo suelen ser personas jóvenes, sobre todo hombres. Quizás cuando eres joven y no tienes mucha experiencia, tu capacidad de obtener respeto por tus conocimientos, inteligencia y amor es menor de lo que será más adelante en la vida, así que de forma natural pivotas hacia la última opción que te queda: los bienes materiales.

Yo he sentido esto de forma muy clara en mi propia vida. Mi sueño de algún día tener un Ferrari estaba muy presente cuando era joven, tonto, no tenía habilidades sociales y todavía menos aptitudes profesionales. Hoy en día estoy perfectamente satisfecho con un coche más modesto y aspiro a conseguir respeto y admiración por ser un buen padre, un buen marido y un escritor decente: cosas que no tenía ninguna posibilidad de ofrecer al mundo cuando tenía veinte años.

El peligro está en infravalorar aquello por lo que los demás realmente te valoran. Tengo un buen amigo al que conozco desde hace décadas. Es una de mis personas favoritas. Resulta que ese hombre se gana la vida bien, pero no fantásticamente bien. Eso le molesta, y a menudo menciona que le hace sentir inferior a algunos de sus iguales. Un día le dije: «Si eres un buen padre, un buen marido, una persona honesta, trabajadora, un amigo solícito y una persona graciosa y divertida, probablemente ya te hayas ganado el 98 por ciento del respeto y la admiración que soy capaz de darte. Si además resulta que eres rico y tienes éxito, quizás aumente el porcentaje hasta el 99 por ciento o por ahí. Pero no finjamos que marcará mucho la diferencia. Me caes bien por quién eres, no por cuánto dinero ganas o el coche que tienes».

Cuando ves que a las personas se las respeta y admira por motivos que nada tienen que ver con los bienes materiales, empiezas a preguntarte por qué sientes un deseo tan fuerte de conseguir tales bienes. Cada persona es distinta —todo comportamiento tiene sentido cuando dispones de suficiente información—, pero yo suelo ver mi propio deseo material como un cierto indicador inverso de lo que puedo ofrecerle al mundo. Cuanto mayor es mi deseo de hacerme con objetos lujosos, menos valor real puedo ofrecer por cosas que me hacen feliz de verdad.

Esta es una idea sencilla que me permite tener controladas mis prioridades.

¿Quién quiero que me respete y me admire? Sobre todo mi familia y mis amigos más cercanos.

¿A qué le prestan más atención esas personas? A cómo las hago sentir, cómo las trato y lo solícito que puedo ser.

¿Dan importancia a mis cosas bonitas? Pues bueno, no mucha. Así de sencillo.

En relación con esto, intento tener en mente dos cosas:

1. Observa lo que de verdad te hace feliz y maximízalo.

Al igual que muchas personas, he tenido unos ingresos muy dispares a lo largo de mi carrera. Lo que me sorprende es que las cosas que me hacen feliz ahora que tengo unos ingresos más altos son las mismas que me hacían feliz cuando tenía unos ingresos mucho más bajos: pasar tiempo con mi familia, hacer actividades en el exterior o mantener una conversación larga con un amigo. Si viajar en avión en primera clase a un centro turístico de cinco estrellas y construir castillos de arena en la playa con mis hijos es un 10, jugar a LEGO con mis hijos en el salón de un piso pequeño ya era sin duda un 8 o un 9.

Me gusta pasar unas buenas vacaciones, las espero con ansias y me gasto más en ellas ahora que dispongo de unos ingresos más altos que hace diez años. Pero, una vez que identificas cuál es el elemento de esas vacaciones que te hace feliz, aquello que persigues quizás cambie sutilmente de tal forma que te acerque a tu objetivo final: en este caso, de «Debería gastarme más dinero en vacaciones» a «Debería pasar más tiempo de calidad con mi familia».

2. Presume del interior de tu casa, no del exterior.

No tienes que tomarte esta idea —que cogí prestada del autor Robert Greene— literalmente. Pero el concepto es útil: si quieres estar orgulloso de tu éxito y mostrarlo mediante cosas bonitas, enséñaselo antes que nada a las personas cuyo respeto y admiración más deseas. Me encanta la idea de que mi familia y amigos puedan beneficiarse de las cosas bonitas que he comprado. Me importa mucho menos lo que un desconocido pueda pensar si por casualidad ve esas cosas.

Otro elemento importante al respecto: quizás pienses que mostrar tu éxito a desconocidos te va a reportar atención y admiración. Pero a menudo la emoción que genera ese éxito en los demás es envidia.

Benjamin Franklin solía decir que en la vida uno de los trucos era darse cuenta de que las personas te admirarán más si no tienen celos de ti. Puede costar determinar dónde está el límite entre la admiración y la envidia, y es habitual que una persona ostentosa piense que los demás la admiran cuando en realidad la envidian.

Esto es cierto sobre todo cuando lo que te hizo rico fue que se publicitase tu éxito de una forma tal que los demás quisieran ayudarte y apoyarte. Cuando la admiración se convierte en envidia, ese apoyo disminuye, y se reduce también la tolerancia de los demás a tus errores.

Ten esto presente si asciendes con rapidez en la jerarquía social y buscas atención durante el proceso. ¿Estás generando envidia en los demás? Y ¿es eso un lastre que estás obviando en tu ciega misión por conseguir más?

El neerlandés Jan-Willem van der Rijt, experto en filosofía política, tiene una buena máxima sobre esta cuestión: «El apetito por conseguir aplausos es uno de los rasgos más viles del carácter humano».[7]

El columnista David Brooks planteó una vez la distinción entre las «virtudes de currículum» y las «virtudes de funeral».

Las virtudes de currículum son elementos como el sueldo, el puesto de trabajo, el patrimonio neto y lo lujosos que son tus bienes.

Las virtudes de funeral pueden reducirse a en qué medida los demás te respetan y te admiran.

A mí siempre me ha parecido una distinción muy pertinente al elegir lo que uno quiere alcanzar en la vida y al reflexionar sobre el obituario inverso.

Warren Buffett —uno de los hombres más ricos de la historia, que podría comprar literalmente lo que quisiera— dijo una vez: «Cuando llegues a mi edad, vas a medir tu éxito en la vida contando cuántas de las personas que quieres que te quieran te quieren de verdad».

Y añadió:

Esta es la prueba definitiva de cómo has vivido tu vida. El problema del amor es que no puedes comprarlo. Puedes comprar
sexo. Puedes comprar cenas de homenaje. Puedes comprar fo-
lletos que digan lo maravilloso que eres. Pero la única forma de
conseguir amor es ser digno de él. Resulta algo muy molesto
cuando tienes mucho dinero. Te gustaría pensar que puedes
extender un cheque: voy a comprar amor por valor de un millón de dólares. Pero no funciona así.[8]

QUIZÁS YA TIENES SUFICIENTE

Uno de los relatos sobre dinero más potentes es la parábola del pescador mexicano.

Un empresario estadounidense visita México y conoce a un pescador autóctono. El estadounidense se queda estupefacto al enterarse de que el pescador solo trabaja algunas horas al día.

—Y ¿qué hace usted con las horas que le sobran? —le pregunta el estadounidense.

—Me levanto tarde, estoy con mi familia, leo, me echo una siesta y toco la guitarra con mis amigos —responde el pescador.

—Pues lo está usted haciendo muy mal. Tengo una idea —replica el empresario—. Debería usted trabajar todo el día. Debería pedir dinero prestado y comprar otra barca. Contratar más pescadores que trabajen para usted. Así podría ganar tanto dinero que dentro de diez años podría estar jubilado.

—¿Y qué haría yo una vez jubilado? —inquiere el mexicano.

—Pues podría levantarse tarde, estar con su familia, leer, echarse siestas y tocar la guitarra con sus amigos —contesta el estadounidense.

Las personas más felices que conozco

Si tus expectativas aumentan más deprisa que tus ingresos, nunca vas a estar satisfecho con tu dinero.

Cuando sueñas con ser más feliz dentro de un tiempo, probablemente te imaginas que estás satisfecho con lo que tienes. Tal vez te imagines disfrutando de una nueva casa y de un estilo de vida caro; pero lo que estás haciendo en realidad es imaginar que estás satisfecho con esas cosas, que no tienes más expectativas y que disfrutas de lo que tienes delante.

Eso es lo que hace que uno se sienta bien. Esa es la sensación que quieres alcanzar.

Cuando las experiencias reales provocan menos gozo de lo que habías anticipado, a menudo se debe a que en el momento en que adquieres algo nuevo empiezas de inmediato a desear cualquier cosa que aún no tienes.

La verdadera felicidad se alcanza cuando dejas de preguntarte qué más necesitas para ser feliz. Cuando lo piensas desde esta perspectiva, comienzas a tener ganas de dedicar menos tiempo a soñar con lo que te falta y más a disfrutar de lo que sí tienes; con independencia de lo mucho o lo poco que puedas tener. Te das cuenta de que la clave de la felicidad es estar conforme con lo que tienes y que su antídoto es centrarte en lo que no tienes.

———

Marcel Proust contó una vez la historia de un joven que se pasaba el día consumido por la envidia, soñando con las vidas de los aristócratas ricos y famosos. El joven iba a museos y se quedaba boquiabierto ante las pinturas de mansiones, lujo y esplendor, y se lamentaba por la vida que no tenía.

Entonces Proust le recomendó que se centrase en el artista Jean Siméon Chardin. Chardin pintaba escenas de la vida cotidiana: alimentos, animales, naturaleza. El objetivo estaba en aprender a apreciar objetos que el hombre ya tenía delante. Aprender a apreciar la vida que tenía en lugar de obsesionarse por la vida ideal que no tenía.

«Cuando te pasees por una cocina, dite a ti mismo: esto es interesante, magnífico, es bonito como un Chardin», escribió Proust.[1]

Apreciar lo que tienes delante en lugar de obsesionarte por lo que no tienes. ¡Qué maravillosa analogía, útil también para el dinero!

Las personas más felices que conozco son las que más se conforman con lo que tienen.

No son necesariamente las más ricas, ni las más sanas, ni las más guapas o las más exitosas. Solo las que llegan al punto de decir: «Estoy bien, estoy satisfecho con lo que tengo y lo que soy». Esto es el nirvana. Así se lleva uno el trofeo de la felicidad.

Muchas de esas personas sí que tienen mucho dinero. Algunas gastan mucho y llevan vidas materiales increíbles.

No obstante, a menudo pienso en la abuela de mi esposa, que subsistió sus treinta años de jubilación con muy poco dinero, viviendo sin nada más que una escasa pensión de la Seguridad Social. Técnicamente, vivía casi en el umbral de la pobreza. Pero, en su cabeza, tenía todo lo que necesitaba y quería: estaba perfectamente satisfecha en su pequeño jardín y leyendo libros de la biblioteca. Tenía poco, pero quería menos todavía. Y era una de las personas más felices que podrías haber conocido.

Yo he conocido a media docena de multimillonarios en mi vida: pues ni uno solo es tan feliz como la abuela de mi esposa.

Es muy fácil ver por qué: sus bajas expectativas le proporcionaban una sensación de satisfacción, que a su vez se convertía en una enorme fuente de riqueza psicológica, de la que carecen algunas de las personas más ricas del mundo.

La riqueza psicológica es un concepto muy importante, y en materia de dinero se obtiene con las expectativas adecuadas. La felicidad se basa en la satisfacción. La satisfacción es lo que tienes en relación con lo que quieres.

La vida de toda persona sigue esta fórmula, en una dirección u otra.

La felicidad que uno pueda sentir en la vida no es más que la diferencia entre expectativas y circunstancias. La persona que lo tiene todo pero quiere todavía más se siente más pobre que la persona que tiene poco pero no quiere nada más. Tiene toda la lógica del mundo, ¿verdad?

Al decir esto, no defiendo que vivamos como monjes. Puedes tener una casa enorme, conducir un coche caro, tomarte unas vacaciones increíbles y al mismo tiempo estar satisfecho con todo ello, apreciarlo y no desear nada más. Esa vida puede ser fantástica.

La clave está en darse cuenta de que la felicidad es el estado en el que a uno no le falta nada, con independencia del estilo de vida que lleve.

Cuanto más te dices a ti mismo «Sería más feliz si tuviera ese nuevo coche», más te estás centrando solo en que ahora mismo no eres feliz. El deseo es una forma oculta de deuda que debe devolverse antes de lograr sentir felicidad.

La novelista irlandesa Iris Murdoch expresó de forma brillante la maldición de no apreciar lo que uno tiene: «Las personas de un planeta sin flores pensarían que deberíamos estar locos de alegría todo el tiempo por tener cosas como esas a nuestro alrededor».[2]

Pero ¿lo estamos? Desde luego que no. Cuando no aprecias lo que ya tienes y solo te centras en lo que te falta, nunca nada parece lo bastante bueno. La felicidad siempre es escurridiza.

Hay una máxima estoica que dice lo siguiente: «No necesitar riqueza es más valioso que la propia riqueza». En gran medida, el arte de utilizar el dinero, y de ser más feliz con el que tienes, consiste en tomarse en serio esta enseñanza.

———

Nada deseamos tanto como aquello que queremos pero no podemos tener. De hecho, para la mayoría de las personas existe una jerarquía del gasto que funciona más o menos de la siguiente manera:

- Si no quieres algo y no lo tienes, no piensas en ello.
- Si quieres algo y lo tienes, quizás te sientas bien.
- Si quieres algo y no lo tienes, tal vez te motive.
- Si quieres algo y no lo puedes tener, te vuelves loco de remate.

Fíjate en esta idea del asesor financiero Peter Mallouk:[3]

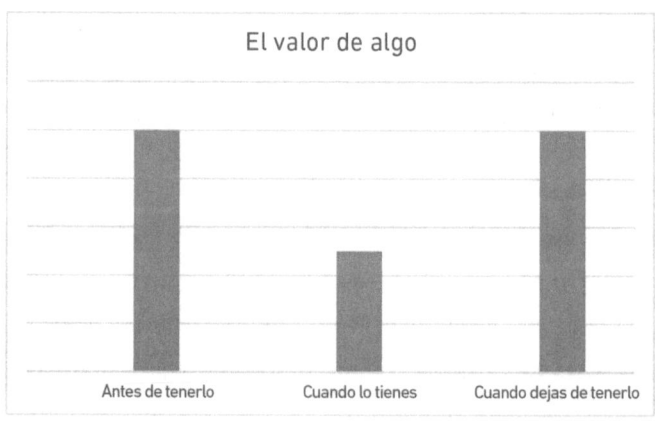

Apenas importa lo que «algo» significa aquí: un vaso de agua para una persona sedienta es más valioso que un avión privado para un multimillonario que tiene dos más.

Todo esto cobra sentido cuando entendemos qué quiere nuestro cerebro.

En líneas generales, nuestro cerebro no quiere coches bonitos ni casas grandes.

Lo que quiere es dopamina.

Eso es todo.

Tu cerebro solo quiere dopamina.

Y, para explicar el proceso, daré la palabra al excelente libro *Dopamina*:

> La dopamina es la sustancia química del deseo que siempre nos pide más: más cosas, más estimulación y más sorpresas.
>
> Para conseguir estas cosas, no le son un obstáculo ni las emociones ni el miedo ni la moral.
>
> Desde el punto de vista de la dopamina, lo que importa no es tener, sino conseguir algo —lo que sea— que sea nuevo.

Tu cerebro no quiere cosas. Ni siquiera quiere cosas nuevas. Quiere estar inmerso en el proceso y la anticipación de conseguir cosas nuevas. Esto se parece a la descripción que dio el actor Will Smith de la fama: convertirse en alguien famoso es fantástico; ser famoso tiene partes buenas y malas; dejar de serlo es terrible. Lo que importa es el cambio, no la cantidad.

Esto se ve con mucha frecuencia con el dinero.

Cuando eres joven, sueñas con tener un coche: el que sea.

Cuando te compras un coche de 10 000 dólares, sueñas con uno de 20 000.

Cuando te compras uno de 20 000 dólares, sueñas con uno de 50 000.

Cuando te compras uno de 50 000 dólares, sueñas con uno de 100 000.

Cuando te compras uno de 100 000 dólares, sueñas con tener varios de 100 000.

Esto casi no tiene fin. Los millonarios se fijan en los centimillonarios, estos en los milmillonarios, estos en los decamilmillonarios y estos en los centimilmillonarios. Y ¿qué quieren los centimilmillonarios? La inmortalidad.

Siempre se cae en lo mismo: «¿Qué será lo siguiente? ¿Qué me falta? ¿Cómo puedo subir al siguiente nivel?». Esto es lo que haces porque es lo que quiere tu cerebro.

Tras ganar medallas de oro y campeonatos, muchos deportistas dicen que la emoción que sintieron no fue entusiasmo, sino *alivio*. Sus propias expectativas, y las expectativas de los demás, eran tan altas que ganar ese fantástico premio solo les generó una sensación de normalidad psicológica. Y, a continuación, empezaron a centrarse de inmediato en lo que no tenían: ganar la siguiente competición.

Algunos años después de dejar el cargo, el expresidente Richard Nixon contó que las personas más ricas del mundo eran algunas de las más infelices que había conocido. «Beben demasiado. Hablan demasiado. Piensan demasiado poco. Se jubilan. Y no tienen ningún objetivo en la vida», afirmó.

Para la gente común, esta vida suena fenomenal. Pero, para aquellos que pueden permitirse hacer cualquier cosa, a menudo es un chasco. Y añadió Nixon:

> Sientes que, caramba, ¿no es fantástico tener suficiente dinero para permitirte vivir en una casa preciosa, poder jugar al golf, dar maravillosas fiestas, llevar buena ropa, viajar si te apetece?
>
> Y la respuesta es: si no tienes esas cosas, entonces pueden significar mucho para ti.
>
> Pero, cuando las tienes, no significan nada.[4]

«Si no tienes esas cosas, entonces pueden significar mucho para ti. Pero, cuando las tienes, no significan nada.» Qué afirmación tan contundente. Uno de los sentimientos más naturales y comunes en cuestiones monetarias es ir detrás de lo que no tienes.

Algunas personas son menos susceptibles a esto que otras. Pero el tirón de la dopamina es una trampa muy habitual y poderosa. Y ayuda a responder la pregunta de «¿Qué quieres conseguir con el dinero? ¿Quieres un coche nuevo?, ¿una casa nueva?, ¿mejores prendas?». Para la mayoría de las personas, la respuesta es que no, en realidad no quieres ninguna de esas cosas. Al menos no directamente. Quieres todo lo que no puedes tener.

Una vez que lo consigues —si se da el caso—, la meta se aleja, la dopamina toma las riendas y tú empiezas a preguntarte al instante: «¿Y qué será lo siguiente?».

———————

Hay dos grandes ideas que debemos tener presentes sobre esta cuestión:

1. **La gente a menudo persigue la emoción equivocada. Aspiran a vivir un chute de felicidad, que es placentero pero fugaz. Sin embargo, es mejor aspirar a la satisfacción, que es una sensación aún mejor y mucho más duradera.**

Si te contase el chiste más gracioso que te hubieran contado nunca, tal vez te reirías durante sesenta segundos. Si volviera a contártelo, quizás soltarías una risita. Si te lo contase una y otra vez, enseguida te hartarías y me preguntarías: «¿No tienes chistes nuevos o qué?».

Con la felicidad ocurre algo muy parecido. Es una sensación fantástica, pero siempre es fugaz. Parafraseando a Don Draper:

«La felicidad es lo que sientes justo antes de necesitar más felicidad».

El problema de perseguir la felicidad es que, como se trata de una sensación fantástica pero breve, puede uno entrar rápidamente en algo que se parece a un círculo adictivo.

Cuando estás satisfecho, dejas de perseguir, lo cual es imprescindible para vivir en el momento presente. Solo logras vivir en el presente —disfrutar de lo que tienes ahora mismo en lugar de lamentarte por el pasado o soñar con el futuro— cuando tienes una ausencia total de expectativas de que las cosas serían o podrían haber sido mejores de lo que son ahora. Entonces consigues disfrutar de lo que tienes, de lo que estás haciendo, de lo que has creado y de las personas con las que estás.

En cuanto ves la satisfacción como la meta psicológica definitiva, tus objetivos cambian. Te das cuenta de que nunca puede ganarse la partida de la dopamina —siempre hay un siguiente nivel al que quieres ascender— y, por tanto, la única forma de ganar es dejar de jugar. Conformarse.

Y déjame que te diga otra cosa: hay pocas alegrías monetarias mayores que darse cuenta de que uno ya tiene todo lo que necesita, ahora mismo, para estar lo más satisfecho —e incluso feliz— posible.

2. La mejor forma de calcular la riqueza es sumar lo que tienes y restarle lo que quieres.

La manera obvia de pensar en la riqueza es acumulativa: eres más rico cuando tienes más dinero.

No obstante, cuando te das cuenta de lo importantes que son las expectativas y la satisfacción, te das cuenta también de que el cálculo es más matizado.

La definición más poderosa de riqueza no es lo que tienes. Lo que importa de verdad es la diferencia entre lo que tienes y lo que quieres.

Desear menos puede tener el mismo impacto en tu bienestar que ganar más dinero. Pero no solo es algo que puedes controlar más; se trata, también, de una partida que puedes ganar y que te reportará una satisfacción duradera en vez de una felicidad fugaz.

Y desear menos no significa renunciar a todo. No significa que no sepas cómo gastar tu dinero y pasártelo bien. Creo que es todo lo contrario. Estar satisfecho con lo que tienes es la forma más profunda de disfrutar de la casa que has comprado, de las prendas que llevas y de las vacaciones que te tomas.

¿Qué prefieres: ser un multimillonario que se levanta todas las mañanas angustiado por lo que no tiene y que envidia a los que poseen más o una persona normal y corriente que se levanta satisfecha y con gran placer, capaz de apreciar lo que tiene con independencia de cuál sea la cantidad?

La abuela de mi esposa era económicamente pobre pero psicológicamente rica. La diferencia entre lo que tenía y lo que quería era menor que la de algunas personas que tienen cien veces más dinero del que tenía ella.

En cuanto veas a una persona dominar esta ecuación, tus ideas sobre la riqueza cambiarán para siempre.

Y ahora déjame que te cuente algunas historias que ponen de manifiesto que tener todo el dinero del mundo no va a arreglarte la vida si tu vida ya era pésima antes.

Todo lo que no ves

La felicidad depende de muchas otras cosas aparte de los ingresos. Los diez hombres más ricos del mundo acumulan trece divorcios.

¿Qué prefieres: ganar 100 000 dólares al año y tener una pareja que te quiera, unos hijos que te admiren, buenos amigos, buena salud y una conciencia clara o ganar 1 000 000 de dólares al año y no tener nada de eso?

La respuesta es muy obvia.

Y así llegamos a una cuestión importante sobre el dinero: lo que no te puede dar.

En su lecho de muerte, las últimas palabras del expresidente de Estados Unidos John Adams fueron «Jefferson sigue vivo»,[1] con que expresaba envidia por su rival político Thomas Jefferson. La ironía de la historia es que eso ni siquiera era cierto: sin saberlo Adams, Jefferson había fallecido unas horas antes.

Cuando envidies a alguien, recuerda que la imagen que tienes de su vida es casi siempre incompleta.

En el momento en que escribo esto, los diez hombres más ricos del mundo se han divorciado, en conjunto, trece veces. Siete de los diez más ricos se han divorciado al menos una vez.

Correlación no es lo mismo que causalidad, y esta muestra es muy limitada. Pero esta cifra, que es mucho peor que el promedio nacional, sobre una cuestión tan crucial para la felicidad y entre un grupo de personas cuyas vidas son la envidia de mucha gente, es interesante, ¿no?

Una parte muy notable de la existencia de todas las personas es invisible. Sobre todo las partes difíciles, deprimentes e infelices que intentamos esconder. Un elemento interesante sobre el dinero —al adquirirlo, tenerlo o gastarlo— es que, cuando te imaginas teniendo más, te centras casi exclusivamente en las partes de tu vida que podrían mejorar.

Lo que es fácil ignorar son todas las partes ocultas que probablemente no mejorarían.

Sobre el hecho de tener más dinero, hay una tendencia muy conocida según la cual si preguntas a alguien «¿Cuánto dinero necesitarías para ser feliz?», la respuesta suele ser más o menos el doble de lo que la persona gana en ese momento. Esto se cumple en casi todos los niveles de ingresos: las personas que ganan 30 000 dólares al año dicen que necesitarían 60 000 para ser felices, las que ganan 60 000 dólares dicen que necesitarían 120 000 y las que ganan 1 millón de dólares dicen que necesitarían 2 millones para sentirse de maravilla.

Esto se debe en parte a que es fácil ver el aumento de tu dinero como el remedio para todos tus males. Cuando te das cuenta de que no es así, la tendencia es suponer que, bueno, aunque tuvieras solo un poquito más, con eso ya te valdría. Centrarte en lo que podría representar tener más dinero a la vez que ignoras lo que no puede darte el dinero puede atraparte en una rueda de hámster psicológica.

J. Paul Getty fue en un momento dado el hombre más rico del mundo, una de las primeras personas en acumular más de 1000 millones de dólares. En un documental de 1963, Getty fue entrevistado en su castillo de Sutton Place, con más de 280 hectáreas de terreno y 72 habitaciones. Es una de las residencias más ornamentadas y ostentosas que hayan existido nunca. En la entrevista, a Getty le preguntan, una y otra vez, cómo es vivir como un rey moderno. Él responde casi siempre encogiéndose de hombros: se ve claro que, a pesar de tener todo el dinero del mundo, no se trata de un hombre rebosante de alegría. Al final, le preguntan a quién envidia. Y él contesta lo siguiente:

> Envidio a las personas más jóvenes, más fuertes y más alegres que yo, a las personas con un mejor carácter que el mío [...]. Siempre he pensado que me hubiese gustado tener mejor personalidad, poder divertir más a la gente. Siempre me ha preocupado ser una persona más bien aburrida.[2]

Es una respuesta fascinante, porque tal vez esperaríamos que dijese que envidia a sus competidores o a personas de otra época que tuvieron más éxito. Pero las personas a las que envidia podrían haber sido infinitamente más pobres y menos exitosas de lo que era él. Si no estás bien en la vida, aumentar tu dinero quizás no va a ayudarte mucho. Esto puede ser muy difícil de aceptar para las personas que aspiran a poseer más.

Aun así, la mayoría de las cosas que te hacen feliz en la vida no tienen nada que ver con el dinero, y puede ser doloroso admitir eso cuando te das cuenta de ello una vez que sí tienes dinero.

Will Smith escribió en su biografía que, cuando era pobre y estaba deprimido, soñaba con un futuro en el que tenía más dinero, y que ese dinero eliminaba sus problemas. Una vez rico, ese optimismo se esfumó. Había amasado todo el dinero que podía necesitar, pero seguía estando deprimido y los problemas aún plagaban su vida.

El productor musical Rick Rubin una vez expresó algo parecido:

> Es complicado deprimirte de verdad hasta que tus sueños se hacen realidad. En cuanto tus sueños se hacen realidad y te das cuenta de que te sientes igual que antes, entonces te viene un sentimiento de desesperación.[3]

Y en otra ocasión desarrolló esa idea:

> Creo que pensamos erróneamente que algún éxito externo va a cambiar algo en nosotros. Pero no es así. Quizás nos haga la vida más cómoda. Pero no cambia quiénes somos. Y cualquier vacío que tengamos dentro y pretendamos llenar no se llena.
>
> Y pongamos que te pasas veinte años de tu vida trabajando para conseguir algo que va a resolverlo todo, y luego por fin consigues lo que llevas veinte años intentando hacer con mucho esfuerzo... y nada cambia. Es entonces cuando te desesperas.[4]

Eso ocurre con mucha frecuencia cuando las personas alcanzan algún objetivo financiero o se compran algo nuevo. Lo que pensábamos que cambiaría nuestra vida y nos llenaría de felicidad muy probablemente no lo haga, lo que puede ser una experiencia angustiante.

La felicidad es complicada, pero, si la condensas en aspectos como tener una familia afectuosa, salud, amistad, ocho horas de sueño, unos hijos centrados y formar parte de algo superior a ti, te das cuenta de la poca importancia que puede tener el dinero. No digo que no tenga importancia, solo que es menor de lo que quizás hayas supuesto hasta ahora.

Desde luego, puedes ser pobre y desdichado o rico y feliz. Pero solo quienes han conseguido una riqueza significativa son conscientes de lo irrelevante que puede ser esa relación. Conseguir dinero probablemente no ha arreglado tu matrimonio, no te ha hecho más atractivo, no ha hecho que les caigas mejor a tus amigos, no te ha hecho sentir más realizado; o al menos no tanto como esperabas. Así pues, lo que antes era un optimismo reconfortante sobre lo que el dinero te proporcionaría da paso a la dura realidad de lo que no puede proporcionarte. A veces lo que te hace sentir bien es el sueño en sí, y una vez que lo alcanzas ese sueño se desvanece y terminas deprimido. Malcolm Forbes dijo: «En cuanto lo logramos, ya lo hemos vivido».

Hace un tiempo, mi esposa y yo vivíamos en el sur de California. Luego nos mudamos a la ciudad de Washington. Casi todos los días en la capital del país hemos echado de menos el tiempo de California. En Los Ángeles hace unos veinte grados en invierno y unos veinticinco en verano. En cambio, la costa este tiene dos temperaturas: o hace un calor sofocante o un frío criminal.

Pero lo que cuesta aceptar es lo siguiente: echábamos de menos el tiempo de California porque pensábamos que nos haría más felices. Sin embargo, no tenemos pruebas, ni nosotros ni nadie, de que los californianos sean más felices que sus conciudadanos de la costa este. Los estados más felices de Estados Unidos son, de hecho, las Dakotas, Nebraska y Minesota,[5] unos lugares donde se dan algunos de los climas más desagradables de este hemisferio.

Pues con el dinero puede ocurrir algo muy parecido.

El psicólogo Daniel Kahneman, fallecido en 2024, dijo una vez: «Nada en la vida es tan importante como pensamos que lo es cuando estamos pensando en ello». Kahneman señaló que «los parapléjicos se sienten infelices a menudo, pero que no lo están todo el tiempo, porque se pasan la mayor parte del día experimentando y pensando en cosas que no tienen nada que ver con su discapacidad».[6] Del mismo modo, quienes disponen de un montón de dinero quizás estén felices a menudo, pero no lo están todo el tiempo, porque se pasan la mayor parte del día experimentando y pensando en cosas que no tienen nada que ver con su dinero. Y aquí, de nuevo, unas palabras de Kahneman (la negrita es mía):

De media, los individuos con unos ingresos altos presentan un mejor estado de ánimo que las personas con unos ingresos más bajos, pero la diferencia es de aproximadamente un tercio de lo que la mayoría de las personas piensan. **Cuando pensamos en personas ricas y pobres, nuestros pensamientos se centran inevitablemente en circunstancias en las que los ingresos son importantes. Pero la felicidad depende de otros factores en mayor medida de lo que depende de los ingresos.**[7]

Es fácil, por ejemplo, imaginar que tener más dinero y, como consecuencia, una casa más grande va a hacerte feliz. Imaginas el enorme salón, el baño de mármol, las escaleras curvas. En ese contexto específico, parece fantástico; y quizás lo sea. Lo que es fácil ignorar —la parte que no ves o a la que no prestas atención— son aspectos como lo difícil que es limpiar esa casa, las facturas de seis cifras para sustituir algo tan trivial como los canalones, vecinos que te demandan porque no les gusta la estética de tu jardín (porque esa es la típica cosa que hacen unos vecinos ricos), y así podríamos seguir eternamente. También piensas que vas a disfrutar de tu jardín en un vacío, aislado de la realidad de que las personas con grandes jardines también sufren indigestiones, tienen alergias estacionales y cogen la gripe con tanta frecuencia como sus conciudadanos menos pudientes. Ignoras que las personas con grandes jardines también se enfadan con sus compañeros de trabajo y lidian con jefes imbéciles y clientes pesados. Además, olvidas que las personas con un cine en casa se pelean con sus parejas y se comparan con las personas de su entorno que tienen más éxito que ellos, como hace el resto de la gente.

Todas estas cosas hacen disminuir la alegría que imaginamos que sentiríamos al soñar con tener y gastar más dinero. Cuando es fácil y entretenido pensar en las ventajas de aquello que puede proporcionarte tener más dinero, pero igual de fácil ignorar lo que no va a cambiar o las cargas que supone disponer de más cosas, te acabas decepcionando.

Con todo esto no quiero decir que el dinero no pueda hacerte más feliz. Solo que no es un remedio milagroso como a menudo nos figuramos. Y cuando en efecto te hace más feliz, suele ser por motivos matizados.

He aquí algunas cuestiones clave que hay que tener presentes en relación con lo anterior:

1. Si ya eres una persona infeliz, es improbable que tener más dinero vaya a resolver tus problemas.

Matthew Killingsworth, de la Universidad de Pensilvania, zanjó décadas de debate en el ámbito académico sobre la relación entre dinero y felicidad: en algunos estudios se había demostrado que existía una clara correlación entre ambos, mientras que en otros se afirmaba lo contrario.

Cuando Killingsworth analizó a fondo los datos, se dio cuenta de que, en las personas que ya eran clasificadas como individuos con un bajo bienestar emocional, no se observaba una mejora en la felicidad cuando sus ingresos aumentaban por encima de los 100 000 dólares anuales. En cuanto al grupo que presentaba un bienestar emocional mediano, la felicidad tendía a mejorar al aumentar los ingresos. En el caso de las personas que ya eran superfelices, ganar más dinero era una especie de acelerador de la felicidad.

«Si eres rico y estás deprimido, acumular más dinero no te ayudará»,[8] escribió Killingsworth.

La felicidad depende de tantos factores que tener más dinero puede ser una gota en el océano en medio de un tsunami de todos los elementos que provocan una vida infeliz.

Un asunto relacionado con esto es que los ingredientes centrales que de verdad hacen felices a las personas —los amigos, la familia, la salud, la razón de ser o una mente clara— no pueden comprarse: uno solo puede conseguirlos ganándoselos.

2. Cuando gastar más dinero sí te hace más feliz, en general es por motivos indirectos.

Destinar dinero a una casa grande y bonita puede hacerme feliz, pero es probable que sea porque facilita que invite a amigos y familiares, y pasar tiempo con esas personas es lo que de verdad me hace más feliz. Lo mismo ocurre con las vacaciones: ir a Maui tal vez me resulte un enorme placer, pero quizás la mejor parte sea gozar de una semana ininterrumpida con tu familia sin tener que trabajar, recibir correos y sin los desplazamientos al trabajo.

Puedes planteártelo desde la perspectiva contraria: ¿va a hacerte feliz una casa grande y bonita si no tienes amigos y familia con los que compartirla? ¿Van a hacerte feliz unas vacaciones si no te gusta pasar tiempo con tu familia? ¿Va a hacerte feliz un coche de lujo si solo lo conduces para desplazarte a un trabajo que detestas?

Si ya dispones de algunos de los ingredientes principales de la felicidad, gastarte dinero en algo puede ser una palanca que te facilite vivir una buena vida. Pero si ya cojeas en algunas de esas áreas centrales, el dinero se convierte en una falsa muleta. Y es frustrante, porque estamos programados para pensar que tener más dinero y gastar más siempre debería conducirnos a una vida mejor.

3. Nunca te centres en lo que el dinero puede proporcionarte sin entender bien el coste de adquirir más.

Taylor Swift, al recordar su motivación en los inicios de su carrera, dijo una vez: «Pensaba en cómo llegar allí exactamente; no solo en cómo me sentiría al estar allí».[9]

Esto es infrecuente. Es mucho más fácil fantasear sobre el trofeo e ignorar la tensión de la carrera. Si sueño con lo mucho mejor que sería mi vida si pudiera gastar más dinero, es muy probable que no tenga en cuenta los costes potenciales de adquirir ese dinero: trabajos estresantes, largas jornadas, incertidumbre y tiempo robado a otras actividades que disfruto haciendo.

Esto es un ejemplo importante de aquello que a menudo olvidamos cuando pensamos en el dinero. Otro humorista de éxito, Jimmy Carr, dice lo siguiente: «Todo el mundo envidia lo que tienes, pero nadie envidia cómo lo has conseguido».[10]

4. En gran medida, que una vida sea buena se debe a lo que no ha sucedido.

Son las peleas en las que no te has metido, las enfermedades que no has cogido y los deseos insanos que no has alimentado. Es el estilo de vida inasequible que has elegido no llevar, los errores que no has cometido y los remordimientos que no tienes.

Lo cierto es que yo probablemente puedo ver un 1 por ciento de lo que es importante en tu vida y tú puedes ver un 1 por ciento de la mía. Teniendo en cuenta que una parte tan considerable de una buena vida no son solo cosas ocultas, sino cosas que nunca han sucedido, nos centramos demasiado en lo que es visible y fácil de cuantificar —casas, coches, ropa, joyas, vacaciones, juguetes— y sobrevaloramos su importancia.

5. Al echar la vista atrás, es probable que haber vivido o no una buena vida tenga poco que ver con la cantidad de dinero que hayas ganado o gastado.

Marc Randolph, cofundador de Netflix, escribió una vez esta hermosa nota:

> Decidí hace mucho tiempo que no iba a ser uno de esos emprendedores que van por su séptima *start-up* y por la séptima esposa. De hecho, de lo que más orgulloso estoy en la vida no es de las empresas que he creado, sino de haber podido ponerlas en marcha estando casado con la misma mujer; de que mis hijos hayan crecido conociéndome y (hasta donde yo sé) cayéndoles bien, y de haber sido capaz de dedicar tiempo a las otras pasiones de mi vida.[11]

Esta es mi definición del éxito.

Es una filosofía magnífica. Lo que importa más que el dinero que ganas y el dinero que te gastas son las partes menos tangibles de la vida que no pueden comprarse.

Y, a continuación, una historia asombrosa y trágica de dos hombres que eligieron estilos de vida opuestos y lo que pueden enseñarnos sobre los puntos de referencia internos y externos.

El activo financiero más valioso es no necesitar impresionar a nadie

La capacidad de no necesitar demostrar que eres alguien ante los desconocidos tiene un valor incalculable.

No necesitar impresionar a los demás, sobre todo a los desconocidos, es un activo de tu balance de cuentas personal que puede ser más valioso que cualquier otra cosa. Cuando no sientes la necesidad de impresionar a los demás, tus deseos se reducen. Cuando tus deseos se reducen, tu satisfacción con lo que ya tienes aumenta. Sí, así de sencillo.

Siempre hay dos puntos de referencia que puedes usar para determinar lo bien que te está yendo en la vida: el interno y el externo. El primero es lo feliz que estás contigo mismo; el otro, lo que los demás piensan de ti.

Es impresionante observar lo angustiante que puede ser la vida cuando alguien se centra demasiado en el punto de referencia externo. Y es muy emocionante ver a una persona cuyo único objetivo en la vida es hacerlo de maravilla según su punto de referencia interno.

Déjame que te cuente una historia extrema de dos hombres que encarnan los lados opuestos de ese espectro. Sus historias nada tienen que ver con el dinero, pero nos pueden enseñar mucho sobre lo importante que es elegir el punto de referencia adecuado en la vida.

En 1968, el periódico londinense *The Sunday Times*, con la intención de conseguir publicidad y sacar partido de la popularidad al alza de la vela, patrocinó una regata que consistía en dar la vuelta al mundo. El objetivo era sencillo: la primera persona que diera la vuelta al planeta sola y sin escalas ganaría la llamada Golden Globe Race.

Le dieron la denominación de regata, pero técnicamente eso se les ocurrió más tarde: nadie a lo largo de la historia había dado nunca la vuelta al mundo navegando sin hacer escalas. Así que la primera persona que completase la tarea sería coronada al instante como uno de los mayores navegantes de la historia.

No había requisitos de participación y las normas eran escasas. Nueve hombres se inscribieron en la carrera, uno de los cuales nunca había navegado. Solo terminó el trayecto uno de ellos, casi un año y 43 000 kilómetros después.[1]

No obstante, fueron dos de los navegantes que no terminaron la carrera quienes vivieron las travesías más extraordinarias y asombraron al mundo. Pero por motivos opuestos.

Esos dos hombres —Donald Crowhurst y Bernard Moitessier— son unos increíbles ejemplos de cómo la calidad de tu vida está marcada por a quién quieres impresionar. Sus historias son descabelladas y extremas, pero aquello con lo que lidiaron no es más que una versión ampliada de aquello a lo que las personas corrientes nos enfrentamos constantemente.

———

Donald Crowhurst aseguró una vez que la vida era un juego que solo ganarían los inteligentes. Para él, la inteligencia era la característica más valiosa, y mentir era algo aceptable si hacía feliz a la gente y te ayudaba a ganar la partida. Ambas ideas terminarían volviéndose en su contra.

Nacido en 1932, Crowhurst tenía treinta y seis años cuando oyó hablar de la Golden Globe Race. Hay que saber dos aspectos importantes de su vida hasta ese momento:

A pesar de tener una ambición desmedida, había fracasado profesionalmente en casi todo lo que había intentado. Primero lo expulsaron de la Royal Air Force y del Ejército británico, y después creó una empresa que nunca despegó y estaba al borde de la quiebra. Crowhurst veía la Golden Globe como una nueva oportunidad de redimirse, una alternativa para demostrar por fin al mundo que era digno de atención.

Aun así, no se le daba muy bien navegar. Crowhurst era, como mucho, un navegante de fin de semana. Salía a dar breves paseos con su barca, pero era propenso a marearse.

Sin embargo, puesto que casi siempre iba sobrado de autoconfianza, Crowhurst estaba convencido de que su equipamiento de navegación a vela casero no solo lo llevaría a ganar la regata del *Sunday Times*, sino que la victoria le proporcionaría la atención suficiente para salvar su negocio.

Debía superar solo algunos obstáculos: no contaba con una embarcación de propiedad, estaba sin blanca y no tenía opción alguna de financiarse la carrera con sus propios recursos.

Así pues, Crowhurst llegó a un acuerdo con un empresario inglés llamado Stanley Best, quien accedió a hacerse cargo del coste del equipamiento para la regata con dos condiciones: por un lado, provocarían agitación mediática y presentarían a Crowhurst como un experto en la navegación a vela; y, por el otro, si Crowhurst no terminaba la carrera, tendría que devolverle todo el dinero.

Mientras se preparaba para la regata, la BBC estaba enamorada de Crowhurst: el valiente y desconocido *amateur* que iba a emprender la regata más dura de la historia de la navegación. Hay que entender la locura que suponía esa travesía. Los navegantes más experimentados del mundo creían que era casi imposible circunnavegar el planeta sin escalas. Y ahora, ahí estaba Crowhurst, un hombre del que el mundo de la vela nunca había oído hablar, con apenas experiencia, dando un paso al frente. A él le encantaba la atención que recibía.

«El problema de Donald era que creía ser Dios», afirmó uno de los amigos de Crowhurst.

Pero no lo era, y el día antes de zarpar para dar la vuelta al mundo se dio cuenta de lo mal preparado que estaba. Habían modificado tanto su embarcación, el Teignmouth Electron, y la habían cargado tanto con aparatos y artilugios a medio terminar, que apenas podía navegar un poquito cerca de la costa, y no digamos completar una travesía alrededor del planeta con un solo tripulante.

La esposa de Crowhurst, Clare, intentó disuadirlo de participar en la regata. «Supongo que tienes razón —dijo él—, pero toda esta historia se ha vuelto algo demasiado importante para mí. Tengo que hacerlo.»

Tras una larga pausa, añadió: «Cariño, estoy muy decepcionado con la barca. No está bien. Yo no estoy preparado. Si zarpo con las cosas en este estado desalentador, ¿te hará la preocupación perder la cabeza?».

Clare le respondió con una pregunta: «Si renuncias ahora a la regata, ¿vas a ser infeliz durante el resto de tu vida?».

Donald no contestó y rompió a llorar.

Estuviera preparado o no, Crowhurst zarpó de Teignmouth, Inglaterra, el 31 de octubre de 1968.

La travesía fue una decepción desde el principio. Tras dos semanas de navegación, Crowhurst había recorrido menos de la mitad de la distancia que se había propuesto.

Y luego vino el desastre: al velero le apareció una vía de agua. «Esta maldita barca se está estropeando por no haberse prestado la debida atención a los detalles de diseño», escribió en su diario.

La barca no corría el riesgo de hundirse, pero el agua que entraba averió la electrónica y el generador, lo que acabó virtualmente con cualquier opción de terminar la regata. Peor aún: si Crowhurst seguía el viaje por las turbulentas aguas del Atlántico sur, sabía que su frágil embarcación podría volcar con facilidad.

«¿Qué rumbo puedo tomar? O abandono el intento sin escalas o sigo adelante. Si sigo adelante con la travesía, tengo la misma probabilidad de terminar el viaje que de morir ahogado», escribió.

La alternativa podía ser peor. Si Crowhurst daba media vuelta y regresaba a casa, no solo estaría en bancarrota porque tendría que devolver el dinero prestado, sino que experimentaría la vergüenza y la humillación por haber fracasado en su enésima aventura.

Entonces el inteligente Crowhurst se dio cuenta de que había una tercera opción, que consistía en engañar y mentir sin contemplaciones.

Empezó así a merodear por el Atlántico, navegando sin rumbo en círculos por una zona de aguas tranquilas. Y luego comenzó a enviar coordenadas falsas a Inglaterra para dar la impresión de que seguía dando la vuelta al planeta.

El plan era sencillo: si Crowhurst podía aguantar suficiente tiempo yendo a la deriva por el Atlántico —probablemente unos seis meses, más o menos—, podría convencer a la gente de que había navegado alrededor del planeta y podría regresar a Inglaterra con la dignidad intacta.

En este punto de la regata, Crowhurst empezó a llevar dos cuadernos de bitácora: uno con sus coordenadas falsas, que trazaba calculando con ingeniería inversa lo rápido que era plausible que hubiera llegado a un destino imaginario, y otro con su ubicación real. Tener controlada su ubicación real era vital para asegurarse de que permanecía en un lugar en el que fuera improbable que lo localizasen otras embarcaciones, cuyas tripulaciones podrían desvelar su posición a la prensa de su país natal.

Se tiene que ser un verdadero genio para tramar un engaño como este y que no te pillen. Pero ese no era el caso de Crowhurst. En los primeros días de planear la estratagema, cometió su primer gran error. Cuando informó de sus coordenadas falsas a los organizadores de la regata, sus chapuceros cálculos dieron la impresión de que de repente estaba avanzando a una velocidad descomunal y que, por tanto, estaba recorriendo unas distancias sin precedentes.

La prensa, que no tenía ni idea de lo que estaba sucediendo en realidad, se lo tragó. El *Sunday Times* escribió:

> Donald Crowhurst, el último hombre en zarpar en la regata individual alrededor del planeta organizada por el *Sunday Times*, recorrió el pasado domingo la sobrecogedora distancia —posiblemente un récord— de 243 millas con su trimarán de 41 pies de eslora, el Teignmouth Electron. Este logro es más extraordinario todavía teniendo en cuenta las bajísimas velocidades de las primeras tres semanas de travesía; tardó más en alcanzar las Islas de Cabo Verde que cualquier otro competidor. En su último mensaje por radio, Crowhurst contó que estuvo en vela durante las veinticuatro horas del día: «Requirió mucha firmeza de espíritu. Nunca había navegado tan deprisa en toda mi vida».

Todo era mentira.

Pero el engaño siguió durante meses: Crowhurst navegando sin rumbo por el Atlántico, deprimido y asustado, enviando coordenadas falsas a los organizadores de la regata, mientras en su país todo el mundo pensaba que estaba llevando a cabo la hazaña más heroica de la historia de la navegación.

Mientras planeaba el regreso a casa, Crowhurst se dio cuenta de que no quería ganar la regata: hacerlo atraería tanta atención que la comunidad de la navegación a vela podría analizar con detalle sus cuadernos de bitácora y descubrir el engaño. Le pareció que lo ideal era quedar segundo: una actuación increíble que lo convertiría en un héroe, pero no en alguien tan famoso que los expertos se pusieran a examinar su travesía demasiado a fondo.

Crowhurst sabía que otro navegante, Nigel Tetley, iba en camino de dar la vuelta al planeta con el tiempo más rápido de la historia. Crowhurst se colocó estratégicamente en segunda posición, pero cometió otro error, pues se acercó demasiado a Tetley. Tetley se puso nervioso al tener a un competidor pisándole los talones y empezó a forzar la velocidad de su velero, pero rebasó los límites que podía asumir la embarcación. Mientras intentaba desesperadamente ampliar la distancia con Crowhurst, la barca de Tetley se estropeó y se hundió en el Atlántico (él sobrevivió gracias al bote salvavidas).

Ahora Crowhurst iba en camino de ganar la Golden Globe Race y de ser coronado como el mejor navegante de todos los tiempos. Sus seguidores en Inglaterra estaban alucinados.

El 18 de junio, la BBC mandó a Crowhurst un telegrama que decía lo siguiente:

ENHORABUENA POR EL PROGRESO
SE LE ORGANIZARÁ UN PROGRAMA DE TELEVISIÓN
PARA EL DÍA DE SU VUELTA

En el pueblo de Teignmouth se creó un comité de bienvenida para aclamar a su nuevo héroe. El plan era que un helicóptero de la BBC lo siguiera hasta que atracara en el puerto mientras un desfile, que terminaría con un cañonazo, lo recibiría en su triunfante regreso.

El diario de Crowhurst evidencia lo mucho que esa inminente fama —toda ella inmerecida, además de arriesgada si salía a la luz la verdad— le preocupaba.

Para él, la vida era un juego. Al reflexionar sobre su destino, escribió en su diario: «No veo ningún "sentido" en el juego [...]. Soy lo que soy y veo lo que representa mi fraude».

Más adelante aparecen entradas más funestas. Una decía:

Se ha terminado
Se ha terminado
Es el alivio

Y la última de todas:

Es el fin de mi partida. La verdad ha salido a la luz y se va a actuar como mi familia me pida que lo haga [...]. No tengo ninguna necesidad de prolongar el juego. Ha sido una buena partida tiene que terminarse [*sic*] [...]. Voy a jugar esta partida, cuando yo elija voy a abandonar el juego [...].

El Teignmouth Electron fue hallado, once días después, a la deriva en el Atlántico. No presentaba señales de grandes destrozos ni ningún indicio de haber sufrido un accidente. Y ni rastro de Donald Crowhurst.

Nunca se le volvió a ver. Con toda probabilidad se tiró al mar para quitarse la vida.

En una tierna ironía del destino, Robin Knox-Johnston, el único hombre que terminó la Golden Globe Race, donó las 5000 libras esterlinas del premio a Clare Crowhurst. Ese dinero fue suficiente para evitar la quiebra que Donald Crowhurst temía que persiguiera a su familia si él no terminaba la regata.

Justo antes de que Crowhurst se quitase la vida, otro participante en la Golden Globe Race tomó una decisión igualmente asombrosa en alta mar.

Bernard Moitessier sí que era un marinero experto y, cuando llevaba cinco meses de regata, iba en camino de ganar la competición *de forma legítima*.

A Moitessier —un francés que tenía cuarenta y ocho años durante la regata— le encantaba navegar y se pasaba la mayor parte de la vida en el mar. Pero al parecer detestaba la comercialización de su deporte. La idea de competir para los medios, los patrocinadores y la prensa parecía dolerle en el alma. A él le gustaba navegar por el puro placer de navegar.

Moitessier ni siquiera llevaba una radio durante la travesía; prefería la soledad y dejaba que los barcos con los que se cruzaba informasen de su ubicación a los organizadores, que estaban en Inglaterra. La personalidad necesaria para pasarse nueve meses solo en el mar es la de personas que se sienten cómodas viviendo apartadas de la sociedad. Moitessier era una versión extrema de esto, y la idea de navegar para el placer de otra persona le era tan detestable que a medio camino se hartó.

Escribió en su diario:

> Sentí verdaderas náuseas al pensar en volver a Europa, de vuelta a ese nido de víboras [...]. Estoy realmente hasta las narices de los falsos dioses, siempre al acecho, como arañas, comiéndonos el hígado, chupando nuestra esencia. Yo acuso al mundo moderno: ese el Monstruo, que pisotea el alma de los hombres.

No obstante, estar en su velero, el Joshua, era otra historia. Eso sí que le alimentaba el alma. Moitessier recordaría más adelante:

Los días pasan y nunca son monótonos. No son idénticos del todo ni siquiera cuando parecen ser exactamente iguales. Eso es lo que da a la vida en alta mar su dimensión especial, constituida por la contemplación y por contrastes muy simples. El mar, los vientos, las calmas, el sol, las nubes, las marsopas. Paz y la alegría de estar vivo en armonía.

Cuando doblaba el cabo de Hornos para volver a Inglaterra, Moitessier empezó a plantearse lo impensable: abandonar la regata mientras iba en camino de ganarla e irse navegando a alguna otra parte.

Pensando en su familia y amigos, escribió:

No sé cómo explicarles mi necesidad de estar en paz, de seguir hacia el Pacífico. No lo entenderán. Sé que hago lo correcto, lo siento en mi interior. Sé exactamente adónde voy, a pesar de no saberlo.

Entonces tomó la decisión.

Moitessier paró un barco comercial con el que se cruzó para entregarle un mensaje. Era una carta dirigida al director del *Sunday Times* que decía:

Apreciado Robert, hoy estamos a 18 de marzo. Voy a seguir sin escalas hasta las islas del Pacífico porque estoy feliz en el mar y quizás para salvar mi alma.

Moitessier les pidió con un grito a los tripulantes de ese barco que el capitán llevase su mensaje al cónsul francés.

Entonces abandonó la regata y puso rumbo a Tahití.

Moitessier escribió en su diario:

Ahora es una historia entre el Joshua y yo, entre yo y el cielo; una historia solo para nosotros, una gran historia que ya no concierne a nadie más [...]. Tener el tiempo, tener la opción, sin saber hacia dónde te estás encaminando, pero ir allí de todos modos, sin preocuparte, sin hacerte más preguntas.

Para algunos, Moitessier se había vuelto loco. A él, en cambio, le parecía haber encontrado su propia versión de la cordura.

En junio tomó tierra en Tahití, se construyó una casa en la playa, se puso a cultivar sus propios alimentos y escribió un libro sobre la navegación.

«No podéis entender lo feliz que soy», escribió.

Aunque parezca irónico, Tahití estaba tan lejos de la trayectoria prevista y requería desandar tanto camino recorrido que, a pesar de abandonar la regata, Moitessier sí dio la vuelta al mundo y estableció un récord mundial de la travesía a vela en solitario y sin escalas más larga de la historia: casi 60 000 kilómetros.

En el libro no menciona ni una sola vez este hecho. No parecía importarle si los demás lo sabían, y desde luego no quería la atención derivada de ello.

———

No he contado estas historias para ridiculizar a Crowhurst o presentar a Moitessier como un héroe.

Pasar nueve meses solo en alta mar es suficiente para que cualquiera se vuelva loco. Puedo simpatizar con los sentimientos de desesperación de Crowhurst. Y la decisión de Moitessier, aunque quizás para él fuera la correcta, sería desastrosa para la mayoría de las personas, a quienes les gusta la aceptación social, o incluso la ansían.

No obstante, los ejemplos extremos a menudo evidencian emociones que muchas personas experimentan todos los días, y creo que ese es el caso con lo que he explicado.

Es muy sencillo: Crowhurst era adicto a lo que los demás pensaban de sus logros, mientras que a Moitessier eso le traía sin cuidado. Uno vivía para los puntos de referencia externos, al otro solo le importaban las medidas internas de felicidad.

Y conocer la diferencia entre ambos elementos es algo poderosísimo en la vida.

Warren Buffett afirmó una vez: «La gran pregunta al respecto de cómo se comportan las personas es si tienen un sistema de puntuación interior o exterior. En la vida es útil conseguir estar satisfecho con un sistema de puntuación interior».[2]

Él utilizó este ejemplo: ¿preferirías ser conocido como el mejor inversor del mundo pero, en realidad, ser el peor o que los demás pensasen que eres el peor del mundo pero, en realidad, fueras el mejor?

Estamos ante otro ejemplo extremo, pero que nos hace pensar en lo que es importante de verdad para nosotros.

Toda decisión que tomamos al utilizar el dinero entra en uno de estos dos cajones: ¿estás destinando dinero a algo porque hace que la gente cambie lo que piensa sobre ti —es decir, que los demás te quieran más, que estén más impresionados contigo, quizás incluso que te envidien— o porque te alimenta de verdad el alma y te hace feliz?

Usando el marco planteado por Buffett: ¿preferirías que los demás se quedasen impresionados con tus posesiones pero estar triste por dentro o que a nadie le importase lo que posees pero despertarte feliz todas las mañanas?

Yo no tengo ni idea de cómo encontrar el equilibrio perfecto entre los puntos de referencia internos y externos. Pero sí sé que hay una fuerte presión social que nos empuja hacia las medidas externas: seguir el camino que estableció otra persona, tanto si te apetece seguirlo como si no. Y las redes sociales multiplican esta presión por diez.

Sin embargo, también sé que existe un fuerte deseo natural por las medidas internas: ser independiente, seguir tus propios hábitos y hacer lo que quieres cuando quieres y con quien quieres.

Esa es la principal razón de ser del dinero, porque eso es lo que anhela realmente la mayoría de la gente.

Y, a continuación, un giro importante sobre esta idea, mediante la historia de un hombre ciego que puede enseñarnos mucho sobre la felicidad.

Lo que te hace feliz

Una buena vida consiste en tener todo lo que necesitas y algo de lo que quieres. Si tienes todo lo que quieres, no aprecias nada de lo que tienes.

Michael May sufrió un terrible accidente cuando era un bebé que lo dejó ciego por completo. Una milagrosa cirugía le devolvió la vista a los cuarenta y seis años, cuando, desde su perspectiva, pudo ver el mundo por primera vez en su vida.

Cuando May salió de la consulta del médico después de la operación, que fue todo un éxito, caminó por el vestíbulo y se paró en seco al ver una cosa: la moqueta. La típica moqueta insulsa que puede haber en unas oficinas.

«¡Fíjate en estas formas! ¡Mira qué colores!», le dijo entusiasmado a su esposa. Era lo más hermoso que su mente podría haber imaginado.

Cuando miró a su alrededor en el vestíbulo, vio a otros pacientes esperando a que los llamaran para su visita. Le pareció inconcebible que ninguno de ellos estuviera alucinando con la moqueta. ¿Acaso no veían lo que veía él? El biógrafo de May, Robert Kurson, escribe: «[May] no podía creer que estuvieran allí sentados ignorando la moqueta: ¿cómo podía una persona estar allí sentada sin más cuando estaba "pasando" una moqueta como aquella?».[1]

En un momento dado, May se detuvo y balbució: «Es azul. ¡Madre mía, es azul!». Había soñado con cómo serían los colores, pero su mente nunca había podido entenderlo, hasta ese instante.

Mientras se desplazaba por la consulta, hizo lo mismo con la pintura de las paredes, las señales de salida y —lo más asombroso de todo— viendo cifras en una hoja de papel por primera vez.

Todo era muy bonito, muy abrumador para él. Como nunca había visto nada, May estaba experimentado probablemente diez mil veces más placer y asombro al ver una moqueta de oficina del que sentiríamos tú y yo al contemplar la puesta de sol más radiante y perfecta.

¿No podemos aprender muchísimo de eso? Las cosas más banales pueden parecer increíbles cuando suponen un contraste con aquello a lo que estás acostumbrado.

Algo peculiar es que todo el mundo aspira a una buena vida porque piensa que lo hará feliz. Pero lo que de verdad nos genera felicidad es el contraste entre lo que tenemos ahora y lo que sea que estábamos experimentado justo antes.

La mejor bebida que vas a probar nunca es un vaso de agua del grifo cuando tienes sed.

La mejor comida que vas a comer nunca es algo baratito cuando te estás muriendo de hambre.

El día que mejor vas a dormir va a ser cuando tu bebé recién nacido te deje echarte una siestecita.

No existen las experiencias objetivamente buenas: toda cantidad de «bueno» no es más que la diferencia entre expectativas y realidad. Es la distancia entre lo que tienes ahora y lo que tenías o esperabas tener antes. Lo que te hace feliz es el contraste, no la cantidad.

Hay pocos conceptos que sean tan importantes tener en cuenta a la hora de gastar el dinero.

Una buena vida consiste en tener todo lo que necesitas y algo de lo que quieres. Si tienes todo lo que quieres, no aprecias nada de lo que tienes.

William Dawson escribió una vez:

Lo que menos se percibe de la riqueza es que todo placer que produce el dinero termina en el momento en que la economía se vuelve innecesaria. El hombre que puede comprar cualquier cosa que desee, sin ni siquiera consultarlo con su banquero, no valora nada de lo que compra.[2]

La anticipación de algo para lo que estás ahorrando, la sorpresa de obtener algo que no esperabas o el cambio en las circunstancias de un período al siguiente es lo que hace que percibamos ciertas compras como algo valioso.

Piensa en cómo te sentiste cuando cobraste tu primer sueldo. Si lo celebraste con algo tan insignificante como un batido barato, es probable que tuvieras un sentimiento de gozo basado en «Lo hice. Yo he comprado esto. Con mi propio dinero». Pasar de no poder comprar nada a poder comprar algo es una sensación fantástica.

La diferencia entre esfuerzo y recompensa es, en gran medida, lo que hace feliz a la gente.

Compara ese momento con otros posteriores a lo largo de tu carrera, cuando (con suerte) has ido acumulando ahorros y el sueldo ha aumentado. No es que gastar no vaya a hacerte feliz, pero no será tan emocionante y adrenalínico como lo era cuando detrás de cada euro había más esfuerzo y contraste. Probablemente, lo más rico que vas a sentirte en la vida es cuando cobraste tu primer sueldo y tu cuenta bancaria pasó de 5 dólares a, quizás, 500. Ese contraste puede ser mayor que pasar de 10 millones a 20 millones de dólares. Pasar de nada a algo puede ser mucho más potente que pasar de mucho a más todavía.

Contraste, contraste, contraste. Una vez que te das cuenta de lo poderoso que es, empiezas a apreciar su importancia.

Conozco a un tipo que tiene un chef privado. Le sirven platos de primerísima calidad tres veces al día, una situación de la que hace años que disfruta. Es espectacular; mentiría si dijera que no le envidio. Pero también me pregunto si el goce no disminuye con el tiempo. Él no tiene que esforzarse para conseguir esas comidas: no hay anticipación, no espera con ansia conseguir una infrecuente reserva en un restaurante, no hay contraste entre una comida «normal» y las exquisiteces que come a diario. ¿Obtiene él más placer al comerse su tercera comida de alta calidad del día del que siente un niño cuando sus padres le proponen por sorpresa ir a un McDonald's y el chiquillo saborea el primer bocado? Lo dudo.

En buena medida, ser feliz con tu dinero consiste en combatir la rueda de la adaptación hedónica: la capacidad de acostumbrarte a algo que antes considerabas un lujo. Una forma de combatir esto es respetar la idea de que los caprichos o sorpresas ocasionales pueden generar más alegría que el lujo perpetuo.

Arnold Schwarzenegger dio una vez un consejo sobre la dieta: «En general, deberíamos comer alimentos que sabemos que son saludables [...]. Pero de vez en cuando también deberíamos permitirnos comer algo delicioso que sabemos que no es saludable. Porque, si no, ¿qué sentido tiene?».[3]

«¿Qué sentido tiene?». En gran medida, hacemos lo correcto porque así nos causa una sensación mucho mejor hacer de vez en cuando algo incorrecto (de forma responsable).

Existe una versión financiera de esto que está relacionada con el capítulo anterior y la idea de satisfacción. Cuando estás satisfecho con lo que tienes ahora, darse un capricho o disfrutar de una sorpresa de vez en cuando puede provocar una sensación increíble. Es una sorpresa, es una alegría. Lo aprecias y lo saboreas más. Y cuanto más satisfecho estés ahora, con mayor frecuencia te vas a encontrar por casualidad con pequeñas cosas en la vida que parecen un placer inesperado: una cena sorpresa, que te asignen una habitación mejor en un hotel o un gasto infrecuente, aunque sea pequeño. Cuando no esperas nada, todo es una sorpresa. Y, cuando todo es una sorpresa, te sientes como Michael May, eufórico por pequeñísimos detalles que de otro modo darías por sentados.

Cada persona es distinta, pero mi deseo de llevar una vida relativamente sencilla no es porque no me gusten las cosas bonitas. Todo lo contrario. Cuando llevas una vida sencilla y modesta, experimentar cosas bonitas de vez en cuando puede generar más goce que si tuvieras esas cosas todo el tiempo.

No te recomiendo que te prives de algo que quieres, que te puedes permitir y que te hace feliz. Yo solo señalo la gran influencia que tus expectativas ejercen sobre tu bienestar. Las personas hacen jornadas laborales extenuantes que a menudo no disfrutan para tener la oportunidad de comprarse cosas que suponen que van a hacerlas felices. Parece algo muy obvio actuar así. Es mucho más difícil reconocer que a menudo resulta una ventaja psicológica mayor rebajar tus expectativas que intentar potenciar tus circunstancias. Esto no se debe solo a que aprendes a ser feliz con menos, sino a que el placer de obtener algo inesperado aumenta mucho más.

La mañana de Navidad, el Cuatro de Julio, los cumpleaños y el último día de colegio son días fantásticos porque ocurren solo una vez al año. Puede sentirse la misma alegría cuando los elementos de lujo de tu vida se convierten en placeres ocasionales y no en necesidades constantes.

———————

El barco de Ernest Shackleton, el Endurance, se quedó atascado entre placas de hielo antártico. Al poco tiempo, terminó aplastado y destruido.

Shackleton y su tripulación, formada por veintisiete hombres, estuvieron diecinueve meses —desde enero de 1915 hasta agosto de 1916— remando más de 1200 kilómetros para llegar a un lugar seguro en pequeños botes salvavidas, con temperaturas nocturnas que superaban los veinte grados bajo cero.

Estaban constantemente muriéndose de frío, mojados, hambrientos y con pocas horas de sueño. Sobrevivieron —todos ellos— comiendo alguna foca que cazaban de vez en cuando y algas que recolectaban. Es una de las historias de supervivencia más asombrosas que vas a oír en tu vida.

Sin embargo, para mí la parte más emotiva de la historia llega al final, cuando la tripulación de Shackleton por fin llegó a una estación ballenera situada en la isla de Georgia del Sur, más de 2500 kilómetros al este de Argentina, donde recibieron ayuda. El autor Alfred Lansing escribe:

> Todas las comodidades que la estación ballenera pudiera proveer se pusieron a disposición de Shackleton [y su tripulación]. Primero gozaron del glorioso lujo de un largo baño, seguido de la posibilidad de afeitarse. Luego les dieron ropa nueva procedente del almacén de la estación.

A continuación, les sirvieron un plato caliente y durmieron durante doce horas.

¿Acaso puedes imaginar cómo se sentirían? ¿Puedes imaginar lo bien que tiene que sentar darse un baño, comer un plato caliente o tumbarse en una cama agradable tras estar muriéndote de frío y de hambre día tras día durante diecinueve meses?

Aunque el agua no estuviera del todo caliente y la comida estuviese medio rancia, esa debió de ser una de las noches más placenteras y gratificantes que alguien haya experimentado nunca.

Da una sensación extraña leer estas historias. Yo nunca querría vivir las adversidades que esos hombres, o Michael May, tuvieron que soportar. Pero envidio un poco la alegría abrumadora que experimentarían cuando esas adversidades terminaron.

Y lo mismo ocurre con el dinero. No quiero vivir una vida de pobreza, privado de todo lujo. Pero tengo un deseo aún mayor de sentir la alegría que produce el contraste cuando experimento un lujo esporádico, una bonita sorpresa o un placer inesperado.

Al hilo de esto, tengo presentes algunas cuestiones:

1. Llevar una vida sencilla puede ser la forma más potente de disfrutar del lujo.

Esto es muy antintuitivo hasta que te das cuenta de lo poderoso que puede ser el contraste. Trata de identificar tus propios elementos. Cada persona es distinta, pero cuando yo encuentro algo que me encanta —un restaurante, un viaje o una bebida—, suelo preguntarme cómo puedo convertir aquello en un placer esporádico y no en una nueva adicción constante.

Cuando estamos satisfechos con una vida sencilla, el placer esporádico parece verdaderamente algo mágico.

2. El poder del contraste hace que cosas ordinarias parezcan increíbles y que cosas extraordinarias parezcan insulsas.

Los ricos que viajan en sus aviones privados te dirán que es lo más increíble y satisfactorio que se puede comprar cuando uno alcanza una riqueza extrema, y que eso nunca pasa de moda. ¿Por qué las personas corrientes no decimos lo mismo sobre el hecho de conducir nuestros propios coches («coches privados»)? Mi teoría es que la mayor parte de las personas que viajan en avión privado tomaban vuelos comerciales antes de hacerse ricas, con lo cual recuerdan las incomodidades de viajar en avión como una persona corriente: hacer largas colas, pasar el control de seguridad, que te toque el asiento de en medio, soportar pasajeros que roncan. En comparación con eso, volar en un avión privado es un sueño.

No obstante, la mayoría de las personas que conducen coches «privados» no disponen de nada similar con que comparar la experiencia. Han ido en coches «privados» toda su vida. No existe ningún contraste entre la experiencia actual y la anterior.

Pero retrocedamos hasta principios del siglo xx, cuando los coches sí eran algo nuevo y las personas podían contrastar la experiencia con el caballo o los carruajes. ¿Qué decía la gente sobre los coches en esa época? Parecían tan mágicos y lujosos que muchos temían que creasen una guerra entre ricos y pobres que pudiera desgarrar el país. En 1906 Woodrow Wilson, entonces rector de la Universidad de Princeton, afirmó: «Nada ha propagado el sentimiento socialista en este país más que el automóvil» y que este ofrecía «una imagen de la arrogancia de la riqueza».[4] Justo lo mismo que se dice hoy sobre los aviones privados.

Cuando no tienes nada que contrastar con las experiencias actuales, cosas espectaculares pueden parecer del todo ordinarias.

3. **Cuando te das cuenta de lo poderosas que son las expectativas, dedicas tanto esfuerzo a no dejar que aumenten como a mejorar tus circunstancias.**

Felicidad, satisfacción, alegría..., todos estos sentimientos son consecuencia de experimentar una diferencia entre expectativas y realidad.

Los hombres de Shackleton lo aprendieron de primera mano. Tras su dura experiencia, encontraron una gran alegría en pequeñas cosas que nunca se habían planteado. Al tomar tierra, un miembro de la tripulación escribió en su diario: «Uno de los días más hermosos que hemos vivido nunca [...], un placer estar vivos».

Lansing escribió: «En ese remoto mundo de hielo y vacío, habían alcanzado al menos cierta satisfacción. Los habían puesto a prueba y ellos la habían superado».

En la vida casi que no se puede estar mejor que eso.

Los adinerados y los ricos

Que el dinero te controle es una forma oculta de deuda. Y, al igual que toda deuda, al final va a tener que devolverse con intereses.

Déjame que haga una distinción entre adinerado y rico. Estas definiciones son mías, pero siempre me han parecido útiles.

Si eres adinerado, tienes suficiente dinero en el banco para comprar las cosas que quieres.

Si eres rico, tienes cierto nivel de control sobre cómo el dinero afecta tu personalidad, tu libertad, tus deseos, tus ambiciones, tu moral, tus amistades y tu salud mental.

Al tratar de entender cómo utilizar el dinero de una forma que te haga feliz, he descubierto que lo más importante no es cuánto dinero tienes ni cuánto gastas. El truco está en si encajas —o aspiras a encajar— en la definición de adinerado o rico.

———————

El dinero es una herramienta potente, capaz de modificar la vida de las personas de formas extraordinarias.

Esta afirmación puede ser una inspiración o una maldición, porque esta es la verdad: si no averiguas cómo utilizar el dinero correctamente, él te usará a ti.

Va a controlarte. Va a tomarte preso, y no va a tener ni piedad ni compasión.

A algunas personas, el dinero las controla tanto que piensan que quieren conseguir más para vivir una vida mejor, pero de hecho el dinero juega con ellos como si fueran una marioneta, los domina y les exige que persigan cosas que quizás no les gustan y que aspiren a cosas que ni siquiera entienden.

Si yo te preguntase «¿Es positivo estar obsesionado con las drogas, el alcohol, la fama o el poder?», tú me dirías que desde luego que no: la obsesión con casi cualquier cosa puede convertirse en un lastre, porque empieza a controlarte. Lo que pretendías que fuera una herramienta útil se convierte en un dictador que te controla.

Una obsesión peligrosa con el dinero —sobre todo con el hecho de gastártelo— puede adentrarse en tu vida sin que te des cuenta, porque el atractivo de lo que este puede proporcionarte es de lo más fascinante. La idea de que serías más feliz simplemente si tuvieras más dinero para gastar es tan poderosa y tan universal que a la gente le cuesta mucho distinguir la ambición noble de la obsesión peligrosa.

El dinero puede terminar controlando a cualquiera, da igual el nivel de ingresos. Pero vemos su poder con detalle en los muy ricos, que tienen la suerte de contar con dinero a mansalva pero que a menudo padecen el maleficio del control que el dinero ejerce sobre sus vidas.

Puede ser algo impactante de ver, que te coge por sorpresa cuando te das cuenta de que alguien que tiene tanto dinero ha perdido tanto el control. Ernest Hemingway dijo que su compañero F. Scott Fitzgerald, también escritor, sentía un «asombro romántico por [los ricos] [...]. Pensaba que eran una raza especial y glamurosa y, cuando descubrió que no lo eran, aquello lo destrozó tanto como todas las demás cosas que lo destrozaron».[1]

Déjame que comparta ahora contigo el caso de una de las familias más ricas de la historia de la humanidad, que estaba tan obsesionada con gastar dinero que terminó llevando una vida que me parece más digna de lástima que envidiable.

Reginald Claypoole Vanderbilt nació en una familia reñida por unas acérrimas rivalidades, unos egos frágiles y unas expectativas insuperables. A partir de ahí, todo fue de mal en peor.

Cuando el bisabuelo de Reggie, Cornelius «Comodoro» Vanderbilt, murió en 1877, el *New York Daily Tribune* publicó un editorial pronosticando cómo evolucionaría el legado del hombre más rico del mundo:

> El caso de los Vanderbilt ofrece una lección impresionante acerca del disparate de intentar «fundar una familia» sobre ningún otro principio que la posesión de dinero.
>
> La idea que imperó en los últimos años del Viejo Comodoro fue amasar una enorme fortuna que debería perdurar durante generaciones como un monumento al nombre de los Vanderbilt y convertir al jefe de la dinastía en un poder permanente en la sociedad estadounidense.
>
> No existe ningún país del mundo donde se amasen fortunas tan deprisa [...] y ninguno en el que el dinero heredado haya sido tan poco provechoso para sus poseedores.
>
> Sin duda, el dinero de los Vanderbilt no va a reportar felicidad ni grandeza a sus actuales pretendientes, y albergamos pocas dudas de que dentro de algunos años correrá el destino de la mayoría de las fortunas estadounidenses; serán muchos los herederos que podrán disponer de ella y será absorbida en el vasto sistema circulatorio del país.[2]

Ese pronóstico era terrible, pero aun así subestimaba lo que estaba por venir.

Ajustado a la inflación, Cornelius Vanderbilt dejó a sus herederos unos 300 000 millones de dólares. Se dice que tenía más dinero que el Tesoro de Estados Unidos.[3] Sesenta años después, casi no quedaba nada de ese dinero.

La riqueza pasó por tres generaciones cuyo propósito vital principal fue ver quién podía gastarse el dinero más deprisa y con mayor imprudencia. Los primeros herederos sintieron cierto deber de gestionar el negocio familiar, pero, con el tiempo, el «negocio familiar» se convirtió en inseguridad y resentimiento.

En 1875, en un artículo de opinión se afirmaba que los miembros de la alta sociedad «se dedicaban al placer sin importarles el gasto». Un Vanderbilt dijo con sorna que en realidad ellos «se dedicaban al gasto sin importarles el placer».[4]

Esta confesión sincera era, de hecho, el problema central de la familia. Era una partida que no podía ganarse, así que todo el mundo perdió.

Que el dinero te controle es una forma oculta de deuda. Y, al igual que toda deuda, al final va a tener que devolverse con intereses.

Reggie fue uno de los últimos Vanderbilt que heredó una riqueza significativa. El día de su vigesimoprimer cumpleaños heredó 12,5 millones de dólares, lo que equivale a 350 millones de los dólares actuales.

Arthur Vanderbilt, biógrafo de la familia, escribe:

> Autocomplaciente, vago, abúlico, Reggie no tenía ningún sentido de la responsabilidad ni ningún propósito aparte de evitar el aburrimiento [...]. Nunca tuvo un empleo ni trabajó lo más mínimo. Un poco perdido al preguntarle por su ocupación, solía responder: «*Gentleman*». [...] La única forma en que Reggie pudo distinguirse fue llevando la vida de un rico *playboy*. Y eso lo hizo con dedicación y una habilidad magistral.[5]

Los dos grandes amores de Reggie fueron las bebidas espirituosas y los juegos de apuestas. El primero lo mató a la edad de cuarenta y cinco años, con una cirrosis tan grave que se le interrumpió el flujo de sangre del hígado y le subió por el esófago, donde las venas sufrieron una ruptura abrupta y lo dejaron ahogado en un charco de sangre mientras sus familiares observaban la escena horrorizados. El segundo lo dejó sin blanca: una vez saldadas las deudas, la herencia de Reggie era casi irrelevante, ya que no contaba ni de lejos con la cantidad de dinero que había prometido a sus herederos.[6]

Los Vanderbilt tenían las casas más grandes, el mobiliario más espléndido, daban las fiestas más extravagantes y hacían los viajes más exquisitos. Pero buena parte de ello se adquiría como un monumento a su riqueza —casi venerándolo como a una deidad— en lugar de utilizarlo como una herramienta que pudiera mejorar sus vidas. El resultado fue algo entre la absurdidad y la tragedia.

Mientras la vida de Reggie iba desmadrándose, otro heredero Vanderbilt, George Washington Vanderbilt, dedicó seis años a construir la mansión Biltmore, de 12 500 metros cuadrados, que contaba con cuarenta dormitorios principales y una plantilla a jornada completa de casi cuatrocientos trabajadores. Se dice que pasaba poco tiempo allí porque la sensación que daba era más de un edificio comercial que de un agradable hogar: era «inconveniente por completo para cualquier estilo de vida», según afirmó un amigo de la familia. Además, la casa exigía unos costes de mantenimiento tan elevados que casi arruinó a Vanderbilt. El 90 por ciento de los terrenos se vendieron para sufragar deudas fiscales y la casa se convirtió en una atracción turística.

Por otra parte, había rivalidades familiares por quién podría construir el yate más grande, comprar las obras de arte más caras o casarse con la sangre más azul. La rivalidad —y no el placer material— era el objetivo en sí, lo que garantizaba que la felicidad brillase siempre por su ausencia. Se organizaban matrimonios concertados, surgían interminables y agrias disputas por las herencias y casi nunca había una oportunidad para que los herederos encontrasen su propio camino o para que se los conociera como algo más que alguien que ha heredado una fortuna.

Justo antes de morir, en 1920, William Vanderbilt dijo: «Mi vida nunca ha estado destinada a ser muy feliz. La riqueza heredada es un verdadero obstáculo para la felicidad. Destruye tanto la ambición como la cocaína a la moral».[7]

En casi cada etapa, el dinero desgarró a la familia y la condujo a un grado de disfunción e inseguridad que no desearías ni a tu peor enemigo.

Si nos adentramos en las vidas de los herederos Vanderbilt —los miembros más afortunados de la historia del club de la genética afortunada—, serían pocos los lectores que les cambiarían la vida. Cuando observas esa enorme riqueza que destruyó a la familia, empiezas a preguntarte: «Pero ¿qué sentido tenía todo aquello?».

El sentido de aquello, como ya había identificado el *New York Daily Tribune*, no era vivir una vida espléndida. No era utilizar el dinero como una herramienta para ser más felices o estar más satisfechos. El sentido no era otro que el de ser ricos y gastar: no ser valorados «por ningún otro principio que la posesión de dinero».

En lugar de utilizar el dinero para construir una vida, su vida estaba construida en torno al dinero; en lugar de ser un activo, su herencia actuaba como una deuda asociada a un estilo de vida insuperable, que se pasó de generación en generación hasta que afortunadamente no quedó nada.

Cuesta sentir compasión por los herederos de multimillonarios. Pero aquí lo importante es diagnosticar el problema, porque eso aflige a muchas personas corrientes: los Vanderbilt son uno de los ejemplos más claros de que el dinero puede controlar a una persona, en lugar de que esta lo use como una herramienta para mejorar su vida. Esa familia vivía para estar al servicio de su dinero, y no al revés.

Y no es un ejemplo aislado. El emprendedor David Siegel se hizo construir una casa de 8 400 metros cuadrados en Florida. Al preguntarle por qué estaba construyéndose una casa tan grande, él lo pensó un instante y respondió: «Porque puedo».[8] Para gustos, colores; pero Siegel no dijo nada de los recuerdos que despertaría esa casa o del placer que generaría. Solo «porque puedo». Para mí, eso huele a alguien cuyo dinero tiene el control absoluto sobre su personalidad. (Volviendo al concepto del dinero como herramienta: si alguien te preguntase por qué estás usando un destornillador, tú no dirías: «Porque puedo». Dirías: «Porque me sirve para colgar cuadros en la pared y para montar muebles». El marco dueño-herramienta es muy potente en cuanto lo identificas.)

Harvey Firestone, el difunto magnate de los neumáticos, pareció caer en esta misma trampa. En su defensa, hay que decir que era consciente del estúpido juego al que su dinero le hacía jugar. En sus memorias, publicadas en 1926, escribió:

> ¿Por qué un hombre, en cuanto consigue suficiente dinero, se construye una casa mucho más grande de lo que necesita?
>
> Yo tengo una casa en Akron que supera de largo mis necesidades; tengo otra en Miami Beach que también es mucho más grande de lo que necesito. Y supongo que, antes de morir, voy a comprar o construir otras casas que también serán más grandes de lo que necesito.
>
> No sé por qué lo hago: las casas no son más que una carga. Pero lo he hecho, y todos mis amigos que se han hecho ricos también tienen casas grandes. Incluso un hombre tan discreto como Henry Ford tiene una casa en Dearborn mucho más grande de lo que en realidad le importa.

Me pregunto por qué será. Quizás sea un absurdo vestigio de la antigua idea feudal de que si una casa era grande significaba que era fuerte, porque podía alojar a una pequeña tropa de protección. En algunos casos, una casa grande se construye solo como un anuncio de que alguien es rico; a veces, una casa grande se construye para poder organizar grandes recepciones.

Pero en la mayoría de los casos —y sobre todo cuando se trata de hombres que se han ganado su propia fortuna—, la casa se construye y punto; y, una vez hecha, nadie sabe del todo ni siquiera por qué se empezó.[9]

«Las casas no son más que una carga [...]. No sé por qué lo hago [...]. Me pregunto por qué será.» Admiro su sinceridad, pero los comentarios son sorprendentes.

El nieto de Reggie Vanderbilt —el periodista Anderson Cooper— fue uno de los primeros herederos Vanderbilt al que nunca le prometieron riqueza dinástica.

Y tal vez eso fuera una bendición. No solo es el heredero Vanderbilt de mayor éxito en más de cien años, sino que parece ser el más feliz.

Cooper dijo una vez sobre las herencias: «Creo que son un freno para la iniciativa. Creo que son una maldición. Si de pequeño ya hubiera tenido la sensación de que había un cofre lleno de oro esperándome, no sé si habría estado tan motivado».[10]

Liberado de la obsesión heredada por el dinero, a él se le permitió encontrar su pasión y apreciar lo que cuesta ganar cada dólar. Es como si hubiera sido el primero de su familia en cortar los hilos de la marioneta y se hubiera negado a dejar que el dinero controlase quién era o la vida que vivía.

Pero volvamos a la diferencia entre ser adinerado y rico.

Lo que me parece fascinante son las historias como la de los Vanderbilt. Eran las personas más adineradas de la Tierra pero, según mi definición, unas de las menos ricas. Para ellos, el dinero no era tanto un activo como una carga social y mental, que los hacía sentir en deuda con una vida basada en afirmar su estatus, lo que provocó que, al parecer, la mayoría de ellos fueran desgraciados.

Da igual cuánto dinero ganes, cualquiera puede caer en esa trampa. Y espero, por amor de Dios, que tú la esquives.

———————

Si quieres un ejemplo de alguien que yo calificaría de rico, fíjate en Chuck Feeney. Feeney, que cofundó las tiendas Duty Free, murió en 2023.

La parte más conocida de la historia de Feeney es que fue el multimillonario más austero que haya existido nunca.

Donó el 99,99 por ciento de su fortuna —calculada en 8000 millones de dólares— años antes de morir. Él y su mujer se quedaron con 2 millones de dólares, vivían en un piso pequeño, volaban en clase turista y llevaban una vida tranquila.

La parte menos conocida de la historia de Feeney es que años antes le había dado una oportunidad honesta a la gran vida. En los años ochenta del siglo xx, cuando acababa de hacerse rico, el *Washington Post* escribió esto sobre su vida:

> Tenía apartamentos de lujo en Nueva York, Londres y París y segundas residencias elegantes en Aspen y la Riviera Francesa. Se codeaba con los otros megarricos en yates y aviones privados. Si quería algo, se lo podía permitir.[11]

Enseguida se dio cuenta de que aquello no era para él. La sociedad le decía que tenía que querer esas cosas. Pero aquello no era lo que a él le hacía feliz de verdad.

En cambio, sí que le hacía feliz donar. «Me siento feliz cuando lo que hago ayuda a otras personas e infeliz cuando lo que hago no ayuda a nadie»,[12] aseguró Feeney.

Me encanta.

O más concretamente: me encanta que a él le encantase.

No hizo lo típico de seguir lo que los demás le decían que tenía que gustarle o cómo tenía que vivir. No veneraba su dinero ni dejaba que le dictase su estilo de vida, ni que controlase quién era o lo esclavizase para que llevara una existencia obsesionada con el estatus.

Encontró lo que le hacía feliz y empleó su (enorme) riqueza como una herramienta para serlo todavía más. Tal vez pareciera una persona austera, pero en realidad era la persona más libre e independiente de la que oiréis hablar nunca.

Él sí era rico.

A Feeney lo considero un modelo a seguir, no por la cantidad de dinero que amasó o por el estilo de vida que llevaba, sino porque de una forma muy clara tenía el control del dinero de que disponía y nunca dejó que este se convirtiera en el dueño de su vida. Si los Vanderbilt eran una familia erigida sobre «ningún otro principio que la posesión de dinero», Feeney era lo contrario. Él era un hombre erigido sobre la moral y la individualidad que, además, acumuló una barbaridad de dinero. En lugar de ser un monumento para venerar, el dinero que tenía era una herramienta que se utilizaba igual que un mecánico utiliza una llave inglesa.

Todo el mundo, con cualquier nivel de ingresos, puede aprender de eso.

Mi amigo David Perell escribió una vez:

Las personas que más admiro tienen alguna forma de escapar de la burbuja de la cultura. A veces, mediante la religión; a veces, con libros antiguos; en otras ocasiones, pasando tiempo en la naturaleza. Sin esas vías de escape, la propaganda gana. Dejas de pensar por ti mismo. Las ilusiones del mundo actual se convierten en un virus mental que te devora por completo.[13]

Este es un concepto clave de la oposición entre adinerado y rico. Para ser feliz, tienes que ser tú mismo. Si aceptas sin cuestionarla la capacidad del dinero de modificar tu personalidad y de dictar cómo pasas el día, enseguida va a controlarte.

Al poner en práctica esta teoría en mi propia vida (no he heredado una fortuna ni soy un magnate multimillonario), procuro recordar tres cosas:

1. **En el ámbito de las relaciones, existe la idea de que no puedes ser feliz con una pareja si no puedes ser feliz sin ella. Pues lo mismo sucede con el dinero.**

Recuerda la fascinante conclusión de las finanzas conductuales, según la cual es más probable que te haga feliz tener más dinero si ya eras feliz antes de tenerlo.[14] Y también está la otra cara de la moneda: una vez satisfechas las necesidades básicas, es difícil que tener más dinero te haga feliz si no te sientes feliz con quien eres.

Tu moral, tus valores, tu personalidad, tus amistades, las personas que quieres que te presten atención y te admiren, con tal de vivir una vida decente, debes controlar estas cosas con independencia de cuánto dinero tengas. El peligro está en suponer que disponer de más dinero va a mejorarlas; es en ese momento cuando el dinero que tienes —o siquiera tu ambición de conseguir más— toma el control de tu vida.

Si ya estás satisfecho con quién eres, ves de forma natural el dinero como una herramienta que puede usarse para hacer que las cosas sean todavía mejores. Entonces te haces rico.

2. Distingue lo que te gusta de lo que quieres.

Pueden ser cosas muy diferentes. A muchas personas les gustan los cigarrillos porque las hacen sentir bien, pero son pocas las que de verdad quieren fumar. A mí me gusta navegar por las redes sociales sin propósito, pero no necesariamente quiero hacerlo: estas cosas son adictivas y controlan a la persona en lugar de ser herramientas que contribuyan a mejorar la vida del individuo.

Lo que quiero comprar son cosas que me gustan y que, a la vez, no hacen que me vuelva loco cuando no puedo tenerlas todo el tiempo: una comida esporádica en un buen restaurante, unas largas vacaciones anuales en familia, ropa bonita de vez en cuando. Si por el motivo que sea tuviera que eliminar estas cosas de mis gastos, me dolería un poco, pero mi familia y yo estaríamos bien de todos modos. Son cosas que me gustan, pero no me obsesionan: no me controlan. Y pienso que, hasta que no entiendes esto, no te das cuenta de si estás utilizando el dinero como una herramienta útil o si para ti es como un amo al que hay que obedecer.

Hay una máxima estoica que aquí encaja a la perfección: «Es improbable que tengas una vida buena y significativa a menos que venzas tu insaciabilidad».

3. No estés orgulloso de tu consumo, sino de lo que has construido.

La familia que has creado, los amigos que has conocido, los recuerdos que tienes, la sabiduría que has acumulado. Hay veces en que los objetos que compras pueden ayudarte a generar recuerdos y a fomentar el tiempo de calidad con amigos y familia. Pero lo que es significativo de verdad son las personas, no los objetos.

Warren Buffett contó una vez que tiene amigos muy ricos que lo tienen todo: grandes casas, aviones privados e incluso secciones de un hospital con su nombre. Y añadió: «Pero la verdad es que no los ama nadie en el mundo. Si llegas a mi edad y no le caes bien a nadie, tu vida es un desastre, por mucho dinero que tengas en el banco».[15]

Te has convertido en alguien adinerado, pero la riqueza sigue siendo escurridiza.

¿Por la utilidad o por el estatus?

El valor de cualquier cosa es su capacidad para ayudarte a vivir la vida que quieres. Nada más.

Una vez oí a alguien decir que un Toyota de gama alta era un coche mejor que un BMW básico, porque el Toyota está lleno de complementos que hacen que la conducción sea más placentera —asientos afelpados, un magnífico equipo de sonido, techo corredizo—, mientras que el BMW de gama baja te da, más que nada, derecho a alardear.

Me encanta esta comparación.

Ese Toyota bueno, equipado con todas esas opciones, tiene *utilidad*. Hace que tu vida sea mejor. Lo tienes por ti.

El BMW básico tiene *estatus*. Puede (quizás) cambiar la opinión que los demás tienen de ti. Lo tienes por ellos y para conseguir su atención.

Esta es una distinción muy importante que hay que hacer al utilizar el dinero. Quizás la más importante de todas, porque nos permite ver con exactitud si estás usando el dinero como una herramienta para vivir una vida mejor o como un criterio para compararte con los demás.

Un modelo imperfecto que utilizo en mi vida es pensar lo siguiente: si mi familia y yo estuviéramos abandonados en una isla sin que nadie nos viera y pudiéramos tener cualquier bien material que deseásemos, ¿qué tendríamos?

En esa situación, valorarías al instante la utilidad antes que el estatus. Valorarías el confort antes que la estética, el tejido adecuado antes que el logo, las funciones más que la marca, la durabilidad más que el prestigio, la practicidad más que el tamaño, unas buenas vistas antes que un código postal prestigioso y la interacción social más que la jerarquía social. Querrías un Toyota de gama alta antes que un BMW de gama baja. Preferirías la utilidad al estatus.

No estoy en contra de comprar cosas solo por el estatus. Encajar en el grupo social que hayamos elegido tiene su importancia para que seamos felices en la vida, y los beneficios sociales de alcanzar un alto estatus pueden ser enormes para quienes lo consiguen.

Lo que me parece fascinante son los casos en que la gente confunde ambas cosas. Y es algo muy habitual.

Las personas a veces piensan que están comprando algo bonito porque va a hacerles la vida más placentera, cómoda, interesante o satisfactoria. Pero, sin darse cuenta, están pagando para tener la oportunidad de que otras personas se fijen en ellos y, en el mejor de los casos, de que los vean desde una óptica positiva.

Con todo lo que adquirimos, es vital identificar qué es qué —por qué queremos realmente comprar esa cosa— y darnos cuenta de que cada una ofrece unos resultados y beneficios muy diferentes.

————————

El multimillonario Bill Koch dijo que uno de sus hermanos coleccionaba dinero y otro coleccionaba mujeres. Él, en cambio, prefería el vino.

La bodega de Koch llegó a contener una colección de primer nivel de más de 43 000 botellas. A él le encantaba. «Puedes percibir el amor del vinicultor», aseguraba; y afirmaba que beber un vino raro es «beber historia», algo que se asemeja a una experiencia religiosa.[1]

Algunas de las botellas de Koch eran de las de mayor calidad y rareza que se hubieran vendido nunca: una vez pagó 400 000 dólares por cuatro botellas de vino que supuestamente habían pertenecido al presidente Thomas Jefferson. Esas botellas llevan el garabato de la firma a mano de Jefferson. En cuanto Koch se enteró de que estaban a la venta, dijo: «Tengo que hacerme con ellas». Y así fue.

Era un tesoro espectacular del que le gustaba presumir. Hasta que unos historiadores del patrimonio de Jefferson le dijeron que las botellas eran completamente falsas.

Entonces se inició un proyecto de investigación para autentificar la colección de vino de Koch. El multimillonario contrató a unos investigadores privados que descubrieron —lo que quizás no te sorprenderá— que varios cientos de sus vinos más caros y codiciados eran falsificaciones baratas.

El vino falso genera un negocio enorme. Y lo mismo ocurre con las falsificaciones de bolsos, gafas de sol, zapatos y joyas. La asociación National Crime Prevention Council asegura que en el mundo se venden todos los años productos falsificados por valor de 2 billones de dólares: el comercio ilícito más grande del mundo.

En buena medida, el motivo por el que las falsificaciones han proliferado en los últimos años es porque los estafadores han mejorado tanto al fabricar productos de imitación auténticos que incluso a los expertos les cuesta identificarlos.

Es algo muy curioso, si lo piensas bien.

Algunos productos son caros porque se considera que son de mayor calidad. Pero incluso a los compradores astutos, y a las propias marcas de alta categoría, a menudo les cuesta identificar las falsificaciones porque con frecuencia la calidad del producto falso es... bastante comparable al producto real.

Uno de los estafadores que engañó a Bill Koch fue un indonesio, entusiasta del vino, llamado Rudy Kurniawan. Lo detuvieron en 2012 por organizar una operación masiva de vino falsificado. Kurniawan logró vender vinos falsificados a algunos de los amantes del vino más astutos del mundo durante años porque su vino falsificado no solo parecía bueno, sino que sabía muy bien, era muy auténtico. Kurniawan era un experto en mezclar vinos baratos, pegarles una etiqueta falsa que hacía salivar a los coleccionistas y venderlos a precios disparatados.

Lo mismo ocurre con los bolsos falsificados. En 2016, a una mujer la condenaron a pena de cárcel por comprar bolsos por valor de 400 000 dólares en centros comerciales, devolver productos idénticos pero de imitación a esas tiendas y revender los reales por internet.[2] Se salió con la suya durante años porque los bolsos falsos que devolvía a las tiendas eran muy convincentes.

Si el sabor de un vino falsificado o la calidad de un bolso de imitación son indistinguibles de los productos reales, no debería importarte qué producto tienes si tu objetivo es la utilidad. Pero muy a menudo ese no es el caso.

Lo que tú querías era estatus.

Querías mostrar a los demás, y saber por ti mismo, que habías conseguido algo que pocos podían tener. Te hace sentir mejor en cuanto a tu identidad y tus logros.

¡Lo cual —insisto— no veo como un problema! De hecho, yo a veces también lo hago.

No obstante, comprar algo por su utilidad en lugar de hacerlo por el estatus que te confiere ofrece una experiencia y un resultado completamente distintos.

El autor David Brooks escribió en una ocasión sobre un viaje a África. Él y su familia estuvieron en siete alojamientos distintos: algunos modernos y lujosos, otros parecidos a un *camping*, sin agua corriente. Después del viaje, Brooks y su familia se dieron cuenta de que disfrutaron más de los modestos *campings* de menos categoría que de los hoteles de lujo. En los *campings* baratos pudieron socializar con autóctonos y conocer a otros visitantes. Sus hijos jugaron al fútbol con los trabajadores. En los hoteles caros, estuvieron aislados en burbujas con una seguridad aséptica. Ese era todo el atractivo de los hoteles buenos: «Si te alojas aquí, apenas vas a notar la diferencia entre el centro de Manhattan y el Serengueti». Pero eso no era en absoluto lo que de verdad quería su familia. La búsqueda del lujo y quizás del estatus restó valor a la utilidad del viaje.

Que la utilidad sea víctima de la búsqueda del estatus es algo muy común en la vida cotidiana. Piensa en la carga de mantener una casa que es más grande de lo que necesitas o del estrés que sientes al comprarte un coche bonito que apenas puedes permitirte. Que el estatus devore la utilidad es una de las frustraciones más habituales a la hora de gastar en la época actual.

«A la gente a menudo se le da mal saber cómo gastar su dinero —escribió Brooks—. Cuando tenemos unos ingresos extras, los gastamos en privacidad, espacio y sofisticación [...], pero de repente miramos a nuestro alrededor y estamos en el lado equivocado»[3] de la línea que separa lo que nos hace felices de lo que hace que los demás se fijen en nosotros.

Con esto no quiero decir que sea inútil pensar en el estatus. De hecho, no hacerlo puede ser catastrófico: si no te importa lo que los demás piensan de ti, es muy probable que nadie piense en ti. Quedarías desacoplado del mundo social, que puede ser el elemento más importante de felicidad de tu vida.

Pero quizás te des cuenta de que valorar la utilidad por encima del estatus es importante por dos grandes motivos:

1. **Comprar cosas por su utilidad te da la capacidad de expresar tu identidad, mientras que perseguir el estatus a menudo te hace adaptarte a la identidad de los demás.**

Casi por definición, la búsqueda del estatus es intentar mostrar a los demás lo que ellos quieren ver. Esto puede ser peligroso en un mundo en el que las personas son muy diferentes: tienen gustos distintos, objetivos distintos y aptitudes distintas. Puedes terminar destinando mucho tiempo y dinero a escenificar algo para personas que ni siquiera te caen bien, porque son muy diferentes a ti, sobre todo si eres sincero con quién eres y lo que quieres de la vida. Adaptarte a los puntos de vista de los demás es un sacrificio que conlleva un coste real, pero oculto, en la vida.

La utilidad, en cambio, es profundamente egoísta en el buen sentido de la palabra. Tu objetivo principal es mejorar tu propia vida y la de las personas que te importan, y al diablo las opiniones y la atención del resto de la gente.

Al elaborar mis textos, yo siempre he creído en lo que denomino «escritura egoísta». Escribo para un público de un solo individuo: yo mismo. Escribo historias que a mí me parecen interesantes sobre cuestiones que a mí me parecen útiles, sin plantearme si los lectores comparten mi opinión. Hacerlo así no solo es más divertido, sino que creo que genera obras mejores: la típica frase sobre la escritura según la cual «debes conocer a tu público» puede convertirse con facilidad en «debes mimar descaradamente a tu público» de una forma que estropee buena parte de lo que escribes.

Pues esta misma idea puede aplicarse a otras muchas cosas en la vida, entre ellas a cómo gastamos el dinero.

Cuando valoras la utilidad por encima del estatus, lo que sucede en realidad es que valoras la individualidad por encima de la adaptación a lo que quieren los demás. El resultado, al igual que en el caso de la escritura, puede no solo ser más gratificante, sino producir un resultado mejor. Permitiéndote ser tú mismo, sin ajustarte a lo que los demás quizás quieran que seas, consigues centrarte en lo que se te da bien y en lo que de verdad te hace feliz.

Pruébalo, y es probable que te des cuenta de que tienes un talento enorme para ser tú mismo, pero que eres un mal actor cuando intentas ser lo que supones que los demás quieren que seas.

2. El placer que se obtiene gracias a la utilidad puede ser más duradero que el placer que se consigue gracias al estatus.

En muchos ámbitos de la vida, la clave del éxito está en tener capacidad de resistencia durante mucho tiempo. A mí no me interesa nada que no sea sostenible.

Gastarte dinero en el estatus puede ser gratificante, pero a menudo la gratificación dura poco. Aunque consigas atraer la atención de los demás, a menudo poco después enfocas tu mirada en el siguiente peldaño de la jerarquía social, de tal forma que ya no estás satisfecho como antes. El estatus es variable y las tendencias por las que la sociedad te evalúa cambian cada pocos años, lo que te fuerza a adaptarte al precio que sea. No es un juego barato.

Al cerebro también se le da muy bien responder cualquier pregunta que le lances, e inundar todo el tiempo tu mente con pensamientos sobre si estás impresionando a los demás es una vía rápida para sentirte insuficiente e inseguro.

Gastar pensando en la utilidad suele ser más duradero.

No tengo ni idea de qué cosas van a impresionar a los demás dentro de diez años, pero lo que sé con una seguridad casi absoluta es que seguiré valorando la comodidad, la fiabilidad, la conveniencia y —lo más importante de todo— pasar tiempo de calidad con personas que amo y admiro.

En mi libro *Lo que nunca cambia*, escribí que «las cosas que nunca cambian son importantes porque puedes fiarte mucho de cómo van a determinar el futuro», lo que te permite invertir enormemente en ellas. Yo sé que cuando tenga noventa años valoraré tener una casa con buenas vistas y recuerdos con mis hijos, de modo que puedo invertir en la utilidad que proporcionan estas cosas. Pero ciertas prendas de ropa, joyas, una gran casa, un coche rápido..., lo que parece fantástico hoy en día puede parecer ridículo —incluso vergonzoso— tan solo dentro de un año, cuando tú y la sociedad hayáis cambiado. Esta es una idea muy sencilla que puede transformar de arriba abajo lo que piensas sobre cómo gastarte el dinero.

Y, a continuación, una historia inquietante sobre las últimas palabras de un actor.

Riesgo y remordimientos

Los buenos consejos nunca son tan simples
como decir «Vive el presente» o
«Ahorra para el futuro». El único buen consejo
es «Minimiza los remordimientos futuros».

Las últimas palabras del actor David Cassidy fueron: «Cuánto tiempo perdido».[1]

Qué cosa tan terrible de la que darse cuenta cuando ya es demasiado tarde. Y me pregunto si se va a volver más habitual ahora que muchos de nosotros nos pasamos el día navegando sin un objetivo por nuestras redes sociales.

Daniel Kahneman dijo una vez que, en general, desarrollar una buena habilidad para gestionar el dinero consistía en tener un sentido bien calibrado de los remordimientos futuros. Debes entender con precisión cómo vas a sentirte con respecto a tus decisiones actuales en varios momentos del futuro.

Me encanta esta observación; tiene mucha fuerza.

Tal vez *remordimiento* sea la mejor definición de riesgo. En cuestiones de dinero, el riesgo no es cuánto podrías perder. Ni siquiera es necesariamente cómo te sentirás cuando lo pierdas: con el tiempo, muchas experiencias dolorosas se convierten en valiosas lecciones. El riesgo real son los remordimientos (o su ausencia), que podrías sentir años o décadas después.

Este concepto desempeña un papel importantísimo cuando reflexionamos sobre cómo gastarnos el dinero.

Uno de los principales conflictos al gestionar el dinero es encontrar el delicado equilibrio entre las dos fuerzas más poderosas del mundo:

- **El interés compuesto,** que convierte la paciencia de hoy en las fortunas del mañana.
- **El hecho de que hoy estás un día más cerca de la muerte de lo que lo estabas ayer,** así que aprovecha al máximo el breve tiempo de que dispones en este mundo y disfruta de cada día que tienes la suerte de vivir. Hay un proverbio escocés que dice así: «Sé feliz mientras estés vivo, pues ya hace mucho que estás muerto».

Lo difícil es saber cuánto deberías invertir en el futuro y cuánto deberías gastar hoy.

No es un problema fácil de resolver. Y se trata de algo muy personal: no es una de aquellas cuestiones en las que una fórmula general vale para todo el mundo.

Déjame que te cuente ahora una historia sobre la longevidad de los animales para ilustrar a qué me refiero.

———————

Antes que nada, tengamos un sentido recuerdo para los pobres peces *guppy*, que viven una existencia miserable pero nos enseñan algo importante sobre el hecho de anticipar el futuro.

Pequeños, de colores vivos y con una capacidad de defensa lamentable, los guppys se enfrentan a una cantidad inusualmente elevada de ataques de depredadores. Hay pájaros que comen guppys. Hay peces pequeños que comen guppys. Hay peces grandes que comen guppys. Hay cangrejos que comen guppys. Es la comida favorita de todo el mundo.

Así pues, ¿cómo una especie que está tan amenazada evita extinguirse?

En pocas palabras, los guppys se ponen las pilas nada más nacer. Pueden reproducirse a las siete semanas y paren crías cada treinta días. Cuando un guppy de seis meses es devorado por un pájaro, quizás ya sea tatarabuelo. La familia pervive.

No obstante, este truco evolutivo tiene una contrapartida.

Sabiendo el gran peligro que corren, los guppys emplean casi toda su energía en reproducirse desde su nacimiento. Crecen lo más rápido posible y luego dedican una proporción enorme de sus recursos a alimentar a sus crías. Eso les deja poca energía para cuidarse a sí mismos. Sus cuerpos se han formado chapuceramente, como unos juguetes baratos de plástico, y tienen pocos recursos disponibles para la reparación y el mantenimiento celular. Cuando llegan al primer o segundo año de vida, los guppys son unos ancianos malhumorados, vencidos por las enfermedades y el deterioro, y a quienes poco les queda para estirar la aleta.

Así deberían ser las cosas: no tiene sentido invertir en el futuro cuando es probable que te devoren de todos modos. Es la filosofía de vida del YOLO en estado puro («*You only live once*», 'Solo se vive una vez').

Ahora comparemos al guppy con el tiburón de Groenlandia, cuya vida es casi lo contrario.

El tiburón de Groenlandia no tiene ningún depredador natural. Gobierna su hábitat como un dictador.

Con pocas amenazas, se toma su tiempecito para alcanzar la edad adulta. Es una de las criaturas con un crecimiento más lento que hemos descubierto, pues llega a la madurez sexual a los —y no es una errata— ciento cincuenta años.[2]

Mientras tanto, se pasa más de un siglo dedicando su energía a construirse un cuerpo perfecto. Lento y metódico, con todos sus recursos invertidos en la reparación y el mantenimiento celular, se convierte en un organismo virtualmente inmune al cáncer y a las enfermedades infecciosas.

Es el perfecto inversor a largo plazo, pues ahorra para el futuro y destina los recursos actuales a asegurarse de que podrá tener una buena vida literalmente dentro de algunos siglos. Hasta donde sabemos, un tiburón de Groenlandia puede vivir unos quinientos años, quizás más.

Lo que quiero señalar es que a la naturaleza se le da de maravilla evaluar el riesgo futuro y asignar recursos conforme a ello.

Para los guppys, la naturaleza echa un vistazo realista a las amenazas futuras y dice: «Hay muchos riesgos al acecho. Ni siquiera hace falta que intentes hacer planes de futuro». Por el contrario, a los tiburones de Groenlandia, les dice: «Tu futuro es claro y previsible: haz planes con confianza».

La mayoría de los animales son unos maestros de ese equilibrio y asignan recursos entre invertir para el futuro y vivir el presente con la mayor eficacia posible.

Pero ¿qué hacen las personas cuando intentan predecir la trayectoria de su vida?

¿O al decidir cuánto deberían gastar hoy y cuánto ahorrar para el día de mañana?

¿O al pensar cuántos años podrían vivir?

¿O al reflexionar sobre aquello de lo que van a arrepentirse?

A las personas eso suele dárseles fatal. En aquello que la biología ha dominado, las emociones humanas modernas han fracasado.

Parafraseando a Nassim Taleb, el mundo se divide a partes iguales entre los que no saben cómo empezar a gastarse el dinero y los que no saben cuándo parar.

Esto se pone de manifiesto en filosofías financieras populares.

En un extremo del espectro encontramos el movimiento FIRE (*financial independence, retire early*; es decir, «independencia financiera, jubilación temprana»), que promueve ahorrar de forma extrema y una devoción casi patológica por la austeridad. Suena prudente, pero puede ser increíblemente peligrosa. En su libro *Morir con cero*, Bill Perkins escribe:

Imagina que, en el momento de morir, hubieras hecho todo lo que te dijeron que tenías que hacer: trabajaste duro, ahorraste y ansiaste tener libertad financiera al jubilarte. Lo único que te perdiste por el camino fue... *tu vida*.[3]

En el otro extremo del espectro están los seguidores del YOLO, que inflan acciones baratas de empresas en bancarrota con operaciones intradiarias y negocian con criptomonedas meme para hacerse ricos lo más deprisa posible, con un absoluto menosprecio por quienes hacen inversiones a largo plazo en el mercado de valores. Su héroe oficioso es un chaval de veintidós años que se ha comprado un Lamborghini amarillo con los beneficios de sus operaciones. Y sabes perfectamente cómo termina esta historia.

Las filosofías financieras que son más atractivas a menudo corren el riesgo de provocar los mayores remordimientos futuros. El autor Nick Maggiulli afirma: «Asumir un riesgo demasiado bajo es como fumar cigarrillos, asumir un riesgo demasiado alto es como chutarse heroína. Ambas cosas van a perjudicarte, la única diferencia está en lo rápido que lo harán».[4]

Y cuanto más se enriquece la sociedad, más se complica el problema.

Durante la mayor parte de la historia, la mayoría de los estadounidenses fueron los equivalentes económicos de los peces guppys: vivían en tal estado de precariedad financiera que era impensable plantearse ahorrar para la jubilación o, literalmente, el concepto en sí de la jubilación.

Hemos ido enriqueciéndonos y ahora tenemos la suerte de tener que plantearnos cómo ahorrar para el futuro a la vez que disfrutamos del presente, cuestiones que hubieran parecido absurdas a las generaciones anteriores.

Hace un siglo, una persona de veintidós años podía tener la expectativa de vivir hasta los sesenta y dos. Hoy en día, a una persona de veintidós años se le pide que empiece a ahorrar para una jubilación que podría iniciarse a los sesenta y dos años y podría durar treinta años más: un tercio de las chicas jóvenes en Estados Unidos ahora pueden tener la expectativa de vivir hasta los noventa años. Hoy, un niño de cada clase de parvulario puede tener la expectativa de vivir más de cien años, una generación entera después del momento en que previsiblemente va a dejar de trabajar.[5]

Al mismo tiempo, es probable que ese trabajador de veintidós años perciba unos ingresos sustancialmente superiores a los que percibían sus abuelos a la misma edad y que tenga acceso a oportunidades para gastarse el dinero que no existían hace una generación. Dispone de más oportunidades para gastar en viajes, conciertos, restaurantes y productos que se entregan el mismo día de las que sus antepasados podían ni siquiera imaginar. Tenemos una suerte inmensa de vivir en un mundo con muchas oportunidades para utilizar el dinero *ahora mismo* con tal de experimentar una buena vida.

Estas dos cosas —ahorrar para el futuro sin dejar de vivir el presente— provocan mucha angustia a mucha gente. La ironía es que cuanto más se enriquece la sociedad y cuantos más años vivimos, más oportunidades tenemos de estropear nuestras finanzas de una forma que podría provocarnos remordimientos.

Y yo no soy inmune a esto.

Durante toda mi vida adulta, he sido un gran ahorrador y he invertido a largo plazo. Me encanta la idea del interés compuesto y el retraso de la gratificación.

Sin embargo, no quiero correr el mismo destino que David Cassidy, echar la vista atrás al final de mi vida y darme cuenta de que he desperdiciado mi breve estancia en este planeta, negándome una vida placentera por una servil devoción a acumular riqueza.

También he percibido un importante cambio en mi forma de pensar que podría aplicarse a muchos de vosotros.

———————

Aunque dé mal rollo pensarlo, lo cierto es que ninguna otra información del mundo sería más poderosa que saber con exactitud cuánto tiempo nos queda de vida. Es un dato tan poderoso que muchas personas dicen que no querrían saberlo ni aunque pudieran. Daría demasiado miedo y le quitaría el misterio a la existencia.

Pero, si lo supieras, casi nada en tu vida sería igual.

Hace años me encontré a una persona. Cuando nos despedimos, me dijo: «La vida es larga. Espero que sigamos en contacto».

«La vida es larga.» Nadie dice eso. La gente siempre dice: «La vida es corta». Pero es obvio que ambas opciones podrían ser ciertas. No tenemos ni idea.

La filosofía de «La vida es corta» proclama que no esperes, que te lo pases bien, que te des la gran vida: come, bebe y sé feliz porque mañana vamos a morir. Si tu vida fuera más corta de lo que esperas, casi todo el mundo seguiría este consejo. También sería probable que perdonaras, olvidaras y que no te importaran molestias insignificantes, pues te darías cuenta de que, como tu tiempo para disfrutar de las cosas buenas es limitado, no tiene sentido enfadarse. Apreciarías cada puesta de sol, olerías las flores y llamarías a un viejo amigo. No te perderías ni un solo partido de tus hijos. Que el presidente Lyndon Johnson tuviera tanta energía y ambición se debía, en parte, a que siempre temió que moriría joven.

Y ¿qué decir de la filosofía de «La vida es larga»? Si supieras que vas a vivir ciento dos años, probablemente no sentirías tanta prisa hoy en día. Tu carrera profesional te generaría menos angustia. No te sentirías culpable al dormir hasta tarde, al tomarte un año sabático o al gastarte todo el salario cuando estás de vacaciones. Plantarías árboles para verlos crecer y harías más fotos para recordar. Estarías más dispuesto a aprender una nueva aptitud. Te cuidarías mejor las articulaciones y te entusiasmaría más invertir a largo plazo.

Pero la verdad es que nadie tiene ni idea de cuánto va a durar su vida. No obstante, me parece útil pensar qué supondría darte cuenta de que se acerca tu fin en distintos puntos de tu vida.

La idea de estar en mi lecho de muerte repasando con arrepentimiento una vida de oportunidades perdidas —las vacaciones que podría haber disfrutado, los coches que podría haber comprado— cambió con la paternidad.

Tengo hijos pequeños. Cuando hago el grimoso ejercicio mental de imaginar que mañana se acabase mi vida, pienso que me sentiría aliviado y orgulloso al darme cuenta de que los sacrificios materiales que he hecho para ahorrar más dinero proporcionarían a mi esposa e hijos un colchón significativo.

La alternativa —estar a punto de morir y darte cuenta de que tu joven familia va a afrontar una carga financiera porque tú has gastado mucho— me dejaría destrozado por la culpa. Con muchísimos remordimientos. Para mí, eso haría que repasase todos los viajes, cenas y gastos y pensase: «Cuánto tiempo perdido». Tiempo que hubiese podido utilizar para proporcionar un futuro mejor a mi familia.

Pero ¿seguiré pensando igual dentro de treinta años, cuando con suerte mis hijos hayan construido su vida y sean independientes? Probablemente no. En ese momento hipotético, me arrepentiría sobre todo de los viajes que no hubiera hecho, de las experiencias a las que hubiera renunciado: los recuerdos que no hubiese generado.

No creo que esos sentimientos sean contradictorios. Y me parece bien que no estés de acuerdo; todo comportamiento tiene sentido cuando dispones de suficiente información. Pero pienso que subrayan una verdad importante que es válida para todo el mundo:

Los buenos consejos nunca son tan simples como decir «Vive el presente» o «Ahorra para el futuro». El único buen consejo es «Minimiza los remordimientos futuros».

Eso es todo. Creo que eso es lo mejor que podemos hacer al intentar encontrar el equilibrio entre vivir el presente y ahorrar para el futuro. Intenta minimizar tus remordimientos entendiendo que personas distintas se arrepentirán de cosas distintas, y que tú mismo vas a arrepentirte de cosas distintas a medida que te hagas mayor.

El fundador de Amazon, Jeff Bezos, relató una vez su decisión de crear una librería en línea en los años noventa:

Los buenos consejos nunca son tan simples como decir

El marco que encontré que hizo que la decisión fuera facilísima fue lo que denominé «marco de minimización de remordimientos».

Imaginé que tenía ochenta años y que repasaba mi vida, y quise minimizar los remordimientos que pudiera tener entonces.

Y sabía que, a los ochenta años, no iba a arrepentirme de haber intentado esto. No iba a arrepentirme de haber intentado participar en esa cosa llamada internet, que yo pensaba que iba a ser un verdadero bombazo.

Pero sabía que de lo que sí podría arrepentirme era de no haberlo intentado nunca.

Y sabía que eso me perseguiría todos los días de mi vida. Así pues, cuando lo pensé desde esta perspectiva, la decisión fue facilísima.[6]

Para mí, en estas palabras de Bezos destacan dos aspectos. Por un lado, lo sensato que es este consejo. Y, por el otro, que ese ejemplo en concreto no me encajaría ni a mí ni a mi personalidad (es probable que yo me arrepintiera de haber dedicado mucho tiempo y energía a algo que terminase fracasando). Cada persona es distinta, con lo cual el consejo general de «Vive el presente» o «Invierte para el día de mañana» puede no tener en cuenta muchos matices del mundo real. El único buen consejo es minimizar tus remordimientos futuros.

Puesto que cada persona es distinta, yo no puedo decirte cómo hacerlo. Pero voy a presentarte dos conceptos que recuerdo cuando tomo mis propias decisiones financieras.

1. Los buenos recuerdos son lo más cercano a vivir el presente mientras vas acumulando para el futuro.

La cuenta anónima de la antigua Twitter (ahora X) FedSpeak publicó una vez: «El propósito de la vida es experimentar cosas por las que más adelante sentirás nostalgia».

Seguro que no soy el único que se da cuenta de que, a medida que se hace mayor, los recuerdos de cosas que sucedieron hace diez, veinte o treinta años son algunos de sus activos más preciados. No son activos financieros, pero, madre mía, son de todos modos unos activos muy reales.

Lo fascinante de los recuerdos es cómo pueden ganar valor con el tiempo, igual que las acciones bursátiles. Cuando tenía diez años, los recuerdos de lo que había hecho a los nueve eran aburridos. Hoy en día, esos mismos recuerdos son asombrosos y desternillantes, ya que puedo situarlos en el contexto, más amplio, de mi vida. Dentro de cincuenta años, serán mis posesiones más valiosas.

Una vez, oí a una anciana decir que el beneficio de hacerse viejo era la capacidad de viajar en el tiempo dentro de tu cabeza: para recordar cómo era la vida, pongamos, en los años cincuenta del siglo xx y compararlo con la actualidad. O de reflexionar con asombro sobre lo mucho que ha mejorado la tecnología desde que eras pequeño. Los niños son ricos en salud pero pobres en recuerdos vitales; a medida que te haces mayor, esto se invierte.

El consejo típico, que ya casi se ha convertido en un cliché, es que dediquemos recursos a experiencias y no a objetos. No es un mal consejo. Sin embargo, la manera en que se formula conduce a la gente a pensar que la única forma de hacerlo es gastándose el dinero en unas buenas vacaciones o viajando a algún país lejano. Y ese no siempre es el caso. Se me ocurren muchas experiencias caras que no serían en absoluto dignas de recuerdo, mientras que otros recuerdos, generados con amigos durante el instituto, podrían ser algunos de los más entrañables y probablemente no cuestan nada.

Yo intento tener presente que las cosas de las que es más probable que me arrepienta en el futuro serán el tiempo que no he pasado con mis hijos, las relaciones con amigos a las que no he dedicado la atención necesaria y ciertas cosas por las que estoy estresado y nervioso hoy con las que al final me daré cuenta de que no habría hecho falta ser tan duro conmigo mismo.

Tal vez no cueste nada alimentar esas cosas. Pero hay casos en los que el dinero puede ayudar, solo que no de la forma en que piensas.

Destinar dinero a unas vacaciones con mis hijos podría generar recuerdos valiosos. Tener una carrera profesional con un sueldo más bajo pero que me deje pasar más tiempo de calidad con mis hijos cada día podría llevarme a crear unos recuerdos mucho más felices.

Puede ser difícil de contextualizar, pero pongamos que puedes elegir entre un trabajo con un sueldo de 60 000 dólares anuales que requiere 45 horas a la semana y otro con un sueldo de 50 000 dólares al año y 35 horas semanales. El segundo te «cuesta» 10 000 dólares al año en ingresos perdidos, que en un período de treinta años invertido a un 8 por ciento supone aproximadamente 1 millón de dólares. Pero te permite ganar quinientas horas al año, lo cual, a lo largo de tu carrera, son quince mil horas de potenciales recuerdos haciendo algo que te gusta. Y esos recuerdos ganan valor con el tiempo, al igual que los activos.

A las personas les encanta asombrarse ante el poder del interés compuesto al invertir su dinero. Cuesta mucho más pensar en el valor acumulativo y creciente de los recuerdos que obtienes al cambiar dinero por tiempo, pero los resultados pueden ser igual de increíbles.

Podría ser fácilmente el mejor dinero que hayas «gastado» nunca y el antídoto perfecto contra los remordimientos.

2. Ahorrar para el futuro crea independencia hoy.

Si ahorro cien dólares para el futuro, ¿cuánto me cuesta esto hoy?

No creo que la respuesta sea cien dólares, ni nada que se acerque.

Sí, claro, podría haber utilizado ese dinero hoy para comprarme una camisa o para pagar una cena con amigos. Pero, al ahorrarlo para el futuro, también gano algo hoy: cien dólares de independencia.

Cien dólares en opciones y libertad para hacer cualquier cosa que quiera en el futuro que cueste cien dólares.

Cien dólares de tiempo que podría necesitar en algún momento.

Cien dólares menos de estrés por la capacidad de proveer a mi familia o jubilarme cuando me haga falta.

Este puede ser un beneficio tan palpable para mí hoy como comprarme esa camisa de cien dólares.

En cuanto ves los ahorros como un elemento que te ofrece el beneficio de la independencia, dejas de pensar que al ahorrar para el futuro estás haciendo un sacrificio hoy.

Te lo digo personalmente: el grado de independencia financiera que tengo derivado de ahorrar durante toda mi vida es uno de mis activos más valiosos, útiles y agradables de que dispongo hoy. No tengo la sensación de estar solo ahorrando para el futuro. Los ahorros me han dado una independencia que hasta cierto punto me permite hacer lo que quiero, cuando quiero y con quien yo quiero, lo cual hace que el presente —ahora mismo— sea mejor de lo que habría sido si hubiese ahorrado menos años atrás.

Por supuesto hay que encontrar un equilibrio: debe haberlo en todas las cosas que valen la pena en la vida. La independencia es de lo más agradable cuando también tienes la posibilidad, en términos económicos y psicológicos, de gastar lo que es necesario hoy en día para crear recuerdos con las personas que quieres. Pero es demasiado fácil y habitual suponer que ahorrar para el futuro impide disfrutar el presente, cuando de hecho ambas ideas van de la mano y unen fuerzas para protegerte contra los remordimientos.

Y ahora una historia sobre lo desastrosa que puede ser la envidia.

COPIONAS

He aquí una parábola:

Una maestra les dice a sus alumnos:

—Os propongo un problema matemático. En una granja hay diez ovejas. Una de ellas se escapa corriendo. ¿Cuántas ovejas quedan en la granja?

Un alumno levanta la mano y dice:

—Cero. No queda ninguna.

—Parece que no entiendes las matemáticas —señala la maestra.

—No, parece que usted no entiende a las ovejas —responde el muchacho.

La urgencia por observar a los demás y copiar lo que hacen sin preguntarse nada es muy poderosa, muy generalizada y explica buena parte de la vida actual.

Pero vayamos más al fondo de la cuestión.

Fijarse en los demás

Los celos, la envidia y el valioso arte de que no te importe lo que piensen los demás.

Buzz Aldrin se convirtió en uno de los seres humanos más famosos del planeta el 20 de julio de 1969, cuando caminó por la luna.

Fue una hazaña impresionante, tal vez el mayor hito de la historia de la humanidad.

Pero Buzz fue el segundo humano en caminar por la luna, pues pisó la superficie lunar minutos después de Neil Armstrong. En referencia a Aldrin, conocido por ser gruñón y por no llevar bien la fama, su compañero astronauta Michael Collins explicó una vez: «Creo que [a Buzz] le molesta más no haber sido el primer hombre en pisar la luna de lo que valora haber sido el segundo».[1]

Los celos son algo muy poderoso. Es difícil apreciar lo que tienes y lo que has conseguido, porque, una vez satisfechas las necesidades básicas, lo que a menudo quieres es situarte en un nivel más alto de la jerarquía social. Así que todo lo que has conseguido se mide en relación con los demás, y a menudo lo que más ansías es lo que sea que otra persona tiene pero tú no.

Esto es importante al utilizar el dinero, porque para muchas personas la cuestión de si te estás comprando cosas bonitas es en realidad «¿Son esas cosas más bonitas que las de los demás?». La cuestión de si tu casa es lo bastante grande es en realidad «¿Mi casa es más grande que la de mi vecino?».

Esto es comprensible e inevitable. En gran parte, la vida es una competición por los recursos —dinero, tiempo, parejas, atención, amigos, tierras— en la que lo que importa no es lo bueno que eres, sino lo bueno que eres en relación con los demás. El biólogo ruso Georgy Gause se hizo famoso por un concepto de la ecología que ahora se conoce como el principio de Gause, según el cual dos especies que compiten por los mismos recursos limitados no pueden coexistir: una siempre se impondrá a la otra hasta que esta se extinga. Así pues, desde luego que es natural fijarse constantemente en quienes nos rodean, con una moderada paranoia, pendientes de lo que ellos tienen y nosotros no.

Pero déjame que haga hincapié en una cuestión que es fundamental pero fácil de pasar por alto en el arte de gastar dinero: es muy fina la línea entre estar *motivado* por lo que los demás tienen y tú no (algo potencialmente bueno) y estar *celoso* por lo que ellos tienen y tú quieres (algo siempre peligroso).

Estar motivado por lo que los demás tienen puede ser divertido: su éxito es como una manera eficaz de anunciar cosas que no sabías que existían. Pero estar celoso de otras personas es una tortura mental, como un contrato que has firmado contigo mismo para ser infeliz.

Pocas cuestiones son tan importantes, porque todos observamos a quienes están a nuestro alrededor, podemos estar celosos de lo que tienen y fijamos nuestros deseos de gasto según eso que vemos.

Cuando el emprendedor Josh Kushner estudiaba en la universidad, un amigo con dinero lo llevó a un partido de los Knicks. Los asientos, recordaría Kushner, eran fantásticos: a pie de cancha, como si pudieras literalmente oler a los jugadores. Él estaba asombrado. Pero luego el amigo de Kushner miró cinco asientos más allá y dijo: «Mis asientos están bien, pero los de ese tío son mejores».[2]

El escritor C. S. Lewis definió muy bien esta sensación en un ensayo titulado «El círculo interior». La vida, según Lewis, a menudo se ve como una serie de círculos sociales, y el deseo de las personas es abrirse paso hasta el siguiente nivel, un círculo más exclusivo. Si estás fuera de un círculo, nada parece mejor que la idea de estar en su interior. Pero, una vez que estás en él, te das cuenta de que no eres ni de lejos tan feliz como pensabas que serías y diriges la atención al siguiente círculo, donde parece residir el nirvana.

En buena parte, la vida es así: una lucha constante al ver que los demás tienen algo que queremos, y luego, una vez obtenida esa cosa, identificamos a otra persona que tiene algo nuevo que queremos, y así vamos dando tumbos, siempre decepcionados.

Lewis escribió: «A menos que tomes medidas para impedirlo, este deseo va a ser uno de los motores principales de tu vida, desde el primer día de tu vida laboral hasta el día en que seas demasiado viejo para que te importe».

¡Y escribió eso hace más de ochenta años! Hoy en día es mucho peor. La observación de J. P. Morgan según la cual ver a tu vecino hacerse rico mina tu juicio financiero era cierta cuando la formuló hace más de un siglo: hoy en día, todo el mundo es en la práctica tu vecino, pues las redes sociales convierten la envidia y la comparación en un deporte olímpico.

A propósito de la envidia, los celos y el gasto de dinero, déjame que comparta contigo algunos de los puntos más importantes que hay que tener presentes.

1. **Es casi imposible «ganar» el juego del estatus. Lo que es único y envidiable en un período se vuelve ordinario e insulso en el siguiente.**

El editor ejecutivo fundador de la revista *Wired*, Kevin Kelly, me dijo una vez algo que me encantó: si quieres saber a lo que los grupos con ingresos bajos aspirarán a gastarse el dinero en el futuro, fíjate en lo que los grupos de ingresos altos hacen hoy de forma exclusiva.

Irse de vacaciones a Europa había sido el recreo exclusivo de los ricos. Luego fue generalizándose.

Lo mismo con ir a la universidad. Hace tiempo estaba reservado a los grupos con los ingresos más altos. Luego se extendió a otros grupos.

Lo mismo con las inversiones. En 1929 —el punto álgido de la burbuja de los felices veinte— el 5 por ciento de los estadounidenses tenían acciones, casi todas ellas propiedad de las personas muy ricas. Hoy en día, un 58 por ciento de los hogares tienen acciones en alguna de sus variantes.

Y lo mismo con los hogares que tienen dos coches, los jardines con césped, los vestidores, las encimeras de mármol, las cocinas con seis fogones e incluso el concepto de la jubilación.

El motivo, en parte, de que esos productos se propagasen a las masas es que se abarataron. Pero el motivo de que se abaratasen fue que las masas empezaron a generar mucha demanda —ansiosas por sus aspiraciones— que empujaron a las empresas a innovar y encontrar nuevas formas de fabricación en serie. Y esto pone de manifiesto por qué no se puede ganar el juego del estatus de forma permanente: lo que hace que algo tenga un estatus alto es el hecho de que otras personas no lo tengan. Una vez que logran tenerlo, el producto pierde ese caché.

El autor Rob Henderson señaló una vez que, cuando era estudiante de la Universidad de Yale, a sus compañeros de clase les encantaba la obra de Broadway *Hamilton*. Pero, en cuanto Disney la estrenó en su plataforma de *streaming* —y pasó a estar disponible para el gran público—, empezaron a detestarla, la encontraban aburrida y dejaron de hablar de ella. A esos estudiantes de Yale no les importaba tanto la obra en sí como el hecho de poder ver algo que los demás no podían ver. *Hamilton* era guay mientras era algo exclusivo de su círculo social; pero no tanto cuando ya podía verlo cualquiera.

A las personas les gusta imitar a los que parecen vivir una vida mejor, lo cual puede hacer que quienes se encuentran en posiciones envidiables siempre se sientan intranquilos y nunca estén satisfechos, porque los persiguen constantemente otras personas que codician su estilo de vida y posesiones. Por eso nunca puedes ganar de verdad el juego del estatus: es un objetivo en movimiento.

Cuando te das cuenta de que el estatus es un juego que nunca se gana de forma permanente, ves por qué perseguirlo puede ser tan insatisfactorio.

2. Estar celoso por lo que los demás tienen y suponer que tu vida sería mejor si fueras como ellos es engañoso, porque no tienes la imagen completa de su vida.

Si yo quiero lo que tú tienes, no tengo en cuenta que tú quieres lo que alguna otra persona tiene y, por tanto, te sientes exactamente como yo. Y que alguien más quiere algo que tiene otra persona, y así sucesivamente, como una infinita cadena de envidia social.

Una vez que te das cuenta de lo interminable que puede ser el juego del estatus y la envidia, entiendes que la única forma de ganar es dejar de jugar.

3. Estar celoso de lo que los demás tienen es externalizar tu pensamiento crítico a desconocidos.

A pesar de lo natural que es la comparación social, es algo deprimente cuando lo piensas bien. Si me dejases a mí solo con mis amigos y familia —personas a las que amo y cuya atención realmente quiero— elaboraría una determinada lista de deseos. Pero cuando me expones a un grupo de millones de extraños a los que no conozco y que no me importan, elaboro una lista de deseos completamente nueva, más ostentosa.

Uno de mis escritores favoritos, Lawrence Yeo, escribió una vez:

La envidia está inversamente correlacionada con el autoexamen. Cuanto menos sabes de ti, más observas a los demás para hacerte una idea de tu valor. Pero cuanto más ahondas en quién eres, menos buscas la respuesta en los demás, y entonces la envidia empieza a disiparse.[3]

Una idea muy bien vista. Si consideras que uno de los objetivos principales de tener dinero es ser independiente, empiezas a ver la comparación social como su archienemigo.

Yo quiero encajar en el grupo social que elija, y gastar dinero para tener cierto aspecto o pasar el tiempo de una determinada manera puede formar parte de eso. Pero en cuanto vinculas tus expectativas a un sinfín de desconocidos, te estás garantizando que nunca vas a ser independiente, o ni siquiera vas a estar satisfecho.

He aquí una forma sencilla de mostrar a lo que me refiero: decirle a alguien que está celoso es siempre un insulto extremo, porque nadie quiere admitir que anda detrás de lo que tienen otras personas. Toda persona quiere pensar que es independiente, porque —en el fondo— la independencia es el objetivo. La envidia supone admitir que uno se siente inferior.

Cuanto más te conoces y te acercas a lo que quieres, menos envidias a los demás cuando tienen lo que tú no.

4. El FOMO —*fear of missing out* ('miedo a perderse algo')— es una de las reacciones financieras más peligrosas que existen.

El FOMO es la intersección de la comparación social y la temeridad. Ves a alguien con algo que quieres y pierdes toda inhibición de hacerte con ello.

No tener FOMO tal vez sea la aptitud financiera más importante. Ser inmune a los cantos de sirena del éxito de otras personas —sobre todo cuando ese éxito es repentino, extremo y está causado por factores que escapan al control de esas personas— es un rasgo tan poderoso e importante que es casi imposible que con el tiempo te vayan bien las cosas sin él. Al diseñar estrategias, Dwight Eisenhower solía citar a Napoleón, quien dijo que un genio militar era «el hombre capaz de actuar con normalidad cuando el resto de las personas de su alrededor se están volviendo locas». Pues lo mismo se aplica al dinero.

El FOMO es temeridad disfrazada de ambición. Ves a alguien que se hace rico o lleva una vida fantástica y piensas: «Si ese puede hacerlo, yo también». Esta emoción parece positiva: estás aprendiendo mediante la observación y siguiendo un camino al éxito basado en los datos.

Sin embargo, lo que está sucediendo en realidad es que estás externalizando tus emociones a personas cuyo dinero caído del cielo o cuya vida ostentosa probablemente los ha dejado en un estado de fragilidad emocional. Si andas tras ellos, puede que los sigas también cuando se caigan por el precipicio. Un ejemplo impresionante de este proceso: en un estudio que hicieron tres investigadores se demostró que, si tu vecino gana la lotería, es más probable que acabes tomando dinero prestado y termines en quiebra.[4]

Charlie Munger afirmó una vez: «Siempre habrá alguien que se esté haciendo rico más deprisa que tú. Esto no es una tragedia. [...] La idea de que te importe que alguien esté ganando dinero más deprisa que tú es uno de los pecados capitales».[5]

Si eliminamos el FOMO de la ecuación, ¿qué nos queda?

Que solo te importan tus propios objetivos financieros.

Que solo te importan las opiniones de las personas que aprecias.

Que piensas a largo plazo y no te dejas arrastrar por tendencias y burbujas.

Y que no necesitas mucho más para que te vayan bien las cosas conforme pasa el tiempo.

5. Tu propensión a estar celoso de lo que tienen los demás puede aumentar a medida que te haces más rico.

Si no puedes permitirte pagar el alquiler o comprar comida, el deseo de obtener más dinero es existencial y tiene un objetivo y una línea de meta muy claros.

No obstante, si ya cuentas con una situación financiera cómoda, el deseo de tener más dinero está relacionado sobre todo con el estatus, que carece de límite superior y es insaciable.

La investigadora Suniya Luthar hizo un estudio sobre la salud mental de los adolescentes en el que analizó problemas conductuales y con el consumo de drogas en chicos pobres que vivían en el centro de ciudades. Como grupo de control, los comparó con chicos ricos de barrios residenciales, quienes —en lo que desconcertó a muchos— obtenían en comparación puntuaciones mucho peores en varios indicadores.[6] Una teoría es que, cuando los chicos ricos están rodeados de otros chicos ricos, las ansias de ascender en la insaciable jerarquía social se disparan. Liberado de las cargas de tener que esforzarte por pagar el alquiler y comprar alimentos, tu vida entera se convierte en una misión por ser más rico y popular que la persona que tienes al lado.

He visto esto muy a menudo. Cuando dispones de todo lo que necesitas, pasas de inmediato a centrarte en todo lo que podrías querer, que es una lista interminable. Cuando eres pobre, quieres una nómina estable y una pequeña vivienda. Cuando eres rico, quieres aparecer en la lista de multimillonarios de la revista *Forbes* y tener un avión privado: la curva de la comparación social crece exponencialmente con los ingresos.

Parece una locura, pero a veces pienso que las personas con más ansias de conseguir dinero y aumentar su estatus son los famosos ricos, porque su grupo de comparación social son los megafamosos ultrarricos.

Darte cuenta de que tus aspiraciones —y, para algunas personas, todo el sentido de su valía personal— pueden vincularse al grupo social con el que más te relacionas te hace pensar más en los individuos con quienes eliges relacionarte. Lo cual me lleva al punto más importante:

6. Atención a con quién socializas.

Un buen consejo para muchos aspectos de la vida es recordar que eres un reflejo de las tres o cuatro personas con las que más socializas.

Si tus amigos tienen gustos caros, tus expectativas convergen en ese estilo de vida. Si la idea que tienen tus amigos de una fantástica noche de viernes es tirar piedras a un lago para hacerlas saltar mientras charláis sobre la vida, tus expectativas materiales serán más sensatas.

Todo lo que vale la pena en la vida no es más que la diferencia entre expectativas y realidad, y cuando tu marco de referencia son personas ricas que intentan impresionarse unas a otras, esa brecha puede cerrarse con rapidez.

Yo hace tiempo vivía en el bosque en medio de la nada, pero luego me mudé a la playa en Los Ángeles. Fue asombroso ver lo rápido que mis definiciones de éxito, rico y lujo se dispararon en cuanto estuve rodeado de personas ricas. La ambición puede ser algo maravilloso, pero no estoy seguro de que sea algo positivo en general: a un dentista o al propietario de un pequeño negocio puede parecerles que nadan en la abundancia y que tienen mucho éxito en una ciudad, pero pueden sentirse unos fracasados al compararse con sus iguales en otra.

Con quién socializas puede tener un efecto tan notable en tu felicidad material como cuánto ganas o cuánto gastas. Cuando lo piensas de esta forma, eliges con sensatez con quién compartes tu tiempo.

C. S. Lewis concluyó su ensayo con las siguientes palabras: «La búsqueda del círculo interior romperá vuestros corazones a menos que rompáis con ella».

Lo que significaba romper con ella es simple: una vez que estás satisfecho con el círculo en el que te encuentras en este momento —sin tener celos de nadie, sin envidiar nada, valorando lo que tienes y lo que se te da bien, agradecido por los amigos y la familia que te rodean— «estás cómodo y seguro en el centro de algo que, visto desde fuera, tendría la apariencia exacta de un círculo interior».

La falta de envidia conlleva otro don: la libertad. Abordemos ahora esta cuestión.

La fórmula más sencilla para vivir una vida bastante buena

Es complicadísimo saber cómo vivir una buena vida, pero a veces la mejor forma de entender una cuestión complicada es prestar mucha atención a unas pocas normas generales que concentran el mayor peso.

Aquí te propongo una: la fórmula más sencilla para vivir una vida bastante buena es independencia más propósito.

Independencia más propósito.

Independencia más propósito.

Independencia más propósito.

La independencia para hacer lo que quieras y la inteligencia para querer hacer cosas significativas.

Eso no lo es todo, pero, madre mía, cómo marca la diferencia.

Hay muchas maneras de ser independiente: no tener problemas de salud, ni malas influencias culturales, ni un jefe arbitrario. Pero es obvio que la independencia financiera es una de las más destacadas.

Gastar en independencia puede ser lo más maravilloso que puede comprarse con dinero. Y puedes controlarlo más de lo que podrías pensar.

De eso trata el siguiente capítulo.

La riqueza sin independencia es una forma peculiar de pobreza

---

El dinero que no te has gastado te permite
comprar algo intangible pero valioso: libertad,
independencia y poder pasar el tiempo
a tu manera.

Las personas a las que más admiro no son necesariamente las más ricas o exitosas. Pero sí son, casi siempre, las más libres. Las que más controlan su vida.

Me costó un tiempo darme cuenta de eso. Para mí, «rico» antes significaba tener muchas cosas caras. Ahora significa no ir siempre con prisas, pasar tiempo con mi familia, controlar mi horario y tener independencia intelectual. Vivir a mi manera.

Tener independencia. Eso es ser rico de verdad.

Aparte de eso, defiendo también un punto de vista relacionado —uno con que muchas personas no están de acuerdo o que les parece antintuitivo—: que no existe el concepto de dinero no gastado. Utilizamos todos y cada uno de los centavos que hayamos ganado. Utilizamos todos los dólares de nuestra cuenta bancaria, tanto si somos conscientes como si no.

El dinero que no te has gastado sirve para comprar algo intangible pero valioso: libertad, independencia y poder pasar el tiempo a tu manera. Cada euro de tus ahorros te permite adquirir un comprobante de recogida para el futuro. (Y cada euro de deuda en que incurres es una parte de tu futuro que controla otra persona.)

Yo siempre he sido un gran ahorrador. Pero nunca he visto mis ahorros como si fueran dinero ocioso. Ni siquiera he considerado nunca que estuviera ahorrando para una compra futura.

Yo concibo cada centavo como un billete que me llevará a un mayor grado de independencia financiera, que es mi verdadero objetivo.

Si pongo 500 dólares en mi cuenta de ahorro, lo que yo pienso es que he comprado 500 dólares de independencia. Para mí es casi lo mismo que haber comprado un televisor de 500 dólares: el dinero se ha «gastado» en ambas situaciones, la única diferencia es que se ha empleado en cosas distintas que ofrecen un valor diferente.

Y yo gasto *con frivolidad* en independencia.

Me gasto montones de dinero en tener el control de mi calendario.

No tengo un presupuesto para cuánto estoy dispuesto a gastar en autonomía y en pasar tiempo con las personas a las que amo, cuando quiera y durante el tiempo que quiera.

Para mí, la independencia es lo que tiene el retorno de la inversión más alto, más que cualquier otra cosa a la que haya destinado dinero.

Toda esa idea —cambiar dinero por tiempo, en lugar de cambiarlo por objetos, porque disponer de más tiempo va a proporcionarte una mayor alegría en la vida— probablemente sea el aspecto más subestimado del hecho de gastar dinero, porque a la mayoría de las personas el tiempo y la claridad mental extra que ganas gracias a la independencia y los ahorros no les parece que sean lo mismo que haber «gastado» dinero.

Déjame que te cuente ahora una breve historia sobre dos deportistas que ganaron mucho dinero pero lo utilizaron de formas distintas.

Antoine Walker ganó 108 millones de dólares en las doce temporadas que jugó en la NBA. Dicho de otra forma: 25 000 dólares al día.[1]

En 1999, después de que Walker firmara un contrato de seis años, el presidente y entrenador de los Boston Celtics, Rick Pitino, aseguró que Walker no iba «a tener que preocuparse por el dinero nunca más en la vida».[2]

Walker estaba de acuerdo. «Pensaba que tenía la vida solucionada», dijo en 2015, cinco años después de declararse en quiebra.

Durante sus años como jugador, Walker tenía, según ha contado él mismo, «seis o siete coches» que sustituía cuando veía a alguien conduciendo uno más bonito; treinta amigos y familiares en nómina, y una casa para su madre que disponía de diez baños y una cancha de baloncesto de tamaño completo.[3] Según dicen, nunca llevaba el mismo traje dos veces. Y apostaba millones en casinos.

Las cifras finales que se presentaron al juez que presidió su caso por bancarrota fueron de 12,7 millones de dólares en pasivos frente a 4,3 millones en activos. Ahora Walker es asesor financiero de deportistas y de una forma admirable suplica a los jugadores que aprendan de los errores que él cometió.

John Urschel no tuvo ni por asomo el mismo nivel de talento deportivo o estrellato.

Elegido en la quinta ronda por los Baltimore Ravens en 2014, Urschel jugó tres temporadas y apareció en menos titulares todavía como jugador. Ganó menos en toda su carrera jugando al fútbol americano de lo que Walker ganaba cada once semanas jugando al baloncesto. Su salario —unos 600 000 dólares— no distaba mucho del salario mínimo de la liga.

Pero la forma en que Urschel decidió gastarse sus ingresos fue asombrosa.

Llevaba una muy buena vida, lujosa se mire desde donde se mire. Pero ahorró la mayor parte de su nómina.

¿Por qué?

«Estoy agradecido por todo el dinero que he podido ganar —afirmó—. No soy multimillonario, pero me encuentro en un momento en el que tengo estabilidad desde un punto de vista financiero. Nunca voy a tener que preocuparme por el dinero.»[4]

Y, al parecer, nunca se ha preocupado.

Se retiró del fútbol americano en 2017 y volvió a la universidad para sacarse el doctorado. Ahora es profesor en el MIT.

Pero lo importante es que podría haber hecho lo que hubiera querido.

La lección que podemos extraer de estos dos deportistas no es «Vive menos como Walker y más como Urschel». Ellos son los extremos opuestos del espectro.

Pero déjame que plantee una pregunta: ¿la vida —no su talento deportivo, sino la vida que han vivido— de cuál de los dos admiras más?

No es una pregunta trampa.

Apuesto a que admiras más a Urschel que a Walker. Aunque Walker no hubiera terminado en quiebra, sino que solo hubiera gastado más de la cuenta y hubiera tenido que renunciar a algunos de sus lujos, es probable que aún admirases más el resultado de Urschel. Es lo que haría la mayoría de la gente.

Y es así porque Walker perdió el control de su vida. Llegó a un punto en el que sus decisiones —dónde vivir, qué vehículo conducir o incluso qué ropa ponerse— las dictaba un juez concursal.

No obstante, Urschel mantuvo el control de su vida. Podía hacer lo que quería y cuando quería. Su vida era un lienzo en blanco para pintar lo que quisiera.

Y eso —controlar lo que haces— es en realidad lo que las personas admiran. Lo admiran porque es lo que ellos quieren. Lo quieren porque es lo que hace feliz a la gente.

Nassim Taleb afirma que «lo que importa no es lo que una persona tiene o no tiene; es lo que esa persona teme perder. Cuanto más tienes que perder, más frágil eres».[5]

Así pues, muchas personas —da igual los ingresos de que dispongan— tienen mucho que perder porque su seguridad y satisfacción dependen en gran medida de otras personas.

Esta mañana, por ejemplo, he leído en el periódico la noticia de un director ejecutivo que hace tiempo contaba con varios cientos de millones de dólares, pero cuyos banqueros están liquidando sus activos, porque pidió tanto prestado que ahora no puede devolver el capital. Los banqueros han vendido su yate y su casa. El desastre le ha hecho perder el trabajo.[6]

Me he quedado pasmado: una persona del 0,001 por ciento superior de ingresos y riqueza con menos independencia financiera que alguien que quizás consideraríamos pobre.

La riqueza sin independencia es una forma peculiar de pobreza.

———————

Es fácil burlarse de la mera mención de la independencia financiera, porque parece algo reservado a mimados herederos de grandes fortunas y multimillonarios. Hace años tenía un amigo que se negaba a ahorrar dinero porque todo le parecía muy trivial. Su visión era: ¿por qué tengo que ahorrar 50 dólares si eso marca tan poco la diferencia?

Esta es una mentalidad con la que a mí me gustaría acabar.

La independencia financiera no es algo blanco o negro. Es un espectro. En cada punto del espectro —cada euro adicional ahorrado— subes un poquito, y tu vida puede mejorar un poco más.

A continuación, te presento cómo veo yo el espectro de la dependencia e independencia financiera. Hazte un favor y encuentra en qué nivel de la lista estás:

Nivel 0: Dependencia financiera total de la bondad de desconocidos que no tienen ningún interés personal en tu éxito. Piensa en mendigos y directores ejecutivos que piden rescates financieros a organismos públicos. A este nivel tienes una falta absoluta de control sobre la dirección de tu vida financiera de una forma que te hace vulnerable ante un mundo frágil y a menudo cruel.

Nivel 1: Dependencia financiera total de personas que quieren que tengas éxito porque les caes bien y cuya reputación está vinculada a tu éxito. Piensa en los muchachos de menos de quince años que reciben dinero de sus padres pero que son demasiado jóvenes para trabajar. También entra en esta categoría el hecho de pedir dinero prestado a amigos y familia que saben de manera realista que no puedes devolvérselo.

Nivel 2: Capacidad de financiarte parcialmente añadiendo valor para los demás, pero a la vez seguir dependiendo en cierto grado de apoyo externo. Entran en esta categoría las personas jóvenes que trabajan pero aún dependen de sus padres para sufragar lo que ellos consideran necesidades básicas de su estilo de vida. También se incluyen aquí los trabajadores que dependen de las ayudas públicas y los trabajadores con jubilación parcial que dependen de una pensión. Una parte sustancial de tu bienestar financiero depende de las decisiones de personas que pueden mantener (o no) su apoyo en el futuro.

Nivel 3: Capacidad de mantenerte en términos financieros añadiendo valor para los demás, pero con un valor que es marginal y fácil de sustituir. Esta es una categoría habitual tanto de personas como de empresas. Es agobiante y frágil. Huele a independencia en el sentido de que puedes pagar todas tus facturas, pero un jefe o un cliente aún son dueños de tu jornada y pueden dictar tu futuro. Tu futuro depende de sus decisiones. Si pierdes tu trabajo, tal vez te cueste encontrar otro, y cuentas con pocos ahorros.

Nivel 4: Ahorros suficientes para cubrir problemas comunes. Puedes resistir sin arruinarte ante dificultades que toda persona debería tener presente que va a experimentar de forma regular. Que llega una pequeña factura médica, ningún problema. Que hace frío y este mes tienes que gastar más en calefacción, ningún problema. Que tu hijo necesita unos pantalones nuevos, ningún problema. Este es el nivel en el que te das cuenta de que contar con aunque sean solo algunos dólares ahorrados te proporciona un pequeño grado de independencia ante los inconvenientes de la vida.

Nivel 5: Ahorros suficientes para cubrir problemas imprevistos de mayor envergadura. Sigues dependiendo de los caprichos de tu jefe para sobrevivir mes a mes, pero, si llegase una crisis, probablemente aguantarías durante un período razonable. Que se te estropea el coche, ningún problema. Que hay que cambiar la caldera, ningún problema. Tienes cierto grado de independencia y protección contra lo que podríamos considerar «mala suerte» en los riesgos del día a día.

Nivel 6: Algunos ahorros para la jubilación, para formación y no recurres al endeudamiento con la tarjeta de crédito.

Sientes que empiezas a dominar eso de la independencia financiera. Aún dependes de jefes, pero puedes prever que dentro de un tiempo tus ahorros actuales aumentarán hasta darte un nuevo nivel de independencia a ti y a tu familia. Quizás no hayas alcanzado la plena independencia, pero tienes una esperanza suficiente que alimenta tu optimismo y a la vez te ayuda a dormir por la noche.

Nivel 7: Capacidad de elegir un trabajo que te ahorre los casos más flagrantes de tonterías y problemas innecesarios en tu vida. Sigues dependiendo de un jefe para ganarte un sueldo, pero tienes la libertad y las habilidades laborales necesarias para decir: «Adiós. Eres un jefe terrible. Y este trabajo da asco. Voy a encontrar otra persona para la que trabajar». Eso depende en buena medida de contar con los ahorros suficientes para dejar un empleo cuando te apetezca y para tomarte el tiempo necesario para encontrar otro mejor. (Este es un objetivo magnífico y realista para la mayoría de las personas. Si llegas al nivel 7, lo estás haciendo de maravilla.)

Nivel 8: Llegar a estar lo bastante cómodo con tu estatus socioeconómico para que no sientas la necesidad de presumir ante los desconocidos. Este el primer atisbo no solo de la independencia financiera, sino de la independencia intelectual e identitaria. La incapacidad de hacer esto es una forma oculta de deuda y dependencia.

Nivel 9: Capacidad de evitar la mayor parte del endeudamiento, lo que incluye los préstamos para la compra de vehículos, los préstamos de estudios o incluso las hipotecas. Los créditos pueden ser capital barato, pero te mantienen vinculado a unos desconocidos que poseen un pedacito de tus decisiones futuras. Una vez conocí a un tipo que detestaba su trabajo y tenía una idea clara de lo que le gustaría hacer en vez de aquello, pero le daba la sensación de que debía seguir en aquel empleo para poder devolver su préstamo de estudios. Así pues, la deuda le costó muchísimo más que el tipo de interés: le costó la independencia en su carrera profesional. Corren un destino parecido las personas que piden tanto prestado para su casa que se quedan atrapados en una ciudad en la que ya no quieren vivir si no pueden venderla a una cantidad superior a la que tomaron prestada. En cuanto ves la deuda como un comprobante de recogida de tus opciones futuras, dejas de preguntarte «¿Cuál es el tipo de interés?» y empiezas a plantearte «¿Cuánta independencia va a costarme?».

Nivel 10: Pocas situaciones económicas realistas os mandarían a ti y a tu familia por debajo del nivel 5. Podrías sobrevivir durante un año o más gracias a tus ahorros líquidos si te afectase una emergencia médica o una recesión enorme. Este es el primer estadio de verdadera independencia financiera. Ahora puedes decir «No, no me interesa» a casi cualquiera, o a cualquier empleador —o cualquier circunstancia económica— con una alta probabilidad de recuperarte de las repercusiones.

Nivel 11: Los ingresos pasivos, como los intereses o los dividendos, cubren una parte significativa de tus gastos básicos. Todavía trabajas para ganarte un sueldo, pero ahora tu cartera de inversiones te proporciona unos ingresos suficientes para reducir las tensiones habituales y los compromisos de tiempo que restringen la mayor parte de la independencia de las personas. Es común que este nivel de independencia se deba tanto a un estilo de vida austero como a una gran cartera de inversiones. Una vez que pruebas esta independencia, te das cuenta de que los deseos relativos al estilo de vida pueden aumentar más deprisa que casi cualquier activo.

Nivel 12: Tus inversiones y sus razonables expectativas de generar réditos cubrirán los gastos básicos durante un tiempo mayor al de tu esperanza de vida. Enhorabuena: ya no dependes de otras personas para tener trabajo. Puedes seguir trabajando para terceros si quieres, y es probable que lo hagas. Pero solo si quieres, cuando quieras y con quien quieras, y esto es fantástico. Muchas personas alcanzan este nivel gracias a ahorros para la jubilación aportados por ellos mismos.

Nivel 13: Tus activos y sus razonables expectativas de generar réditos cubren gastos vitales más allá de las necesidades básicas. Puedes llevar el estilo de vida que prefieres y aún te queda algo para tu familia o para hacer donativos. Los gastos «más allá de las necesidades básicas» pueden definirse como quieras. Varían de una persona a otra. Solo ten cuidado con la inflación innecesaria del estilo de vida, que puede hacer caer esa independencia como la gravedad, y recuerda lo que dice el humorista Chris Rock: «Si Bill Gates se levantase un día con el dinero de Oprah Winfrey se tiraría por la ventana».

Nivel 14: Tu independencia te permite hacer y decir lo que te apetezca, sin que te preocupe que los demás estén en desacuerdo contigo, puesto que no dependes del apoyo financiero o de las oportunidades que podrían ofrecerte. Pero aquí hay que hacer un apunte: el concepto de «dinero para decir que te den por culo» —tener tal cantidad que puedas decirle a otra persona «que te den por culo» sin miedo a las repercusiones— es fantástico. Pero también lo son la amabilidad y la buena educación.

Así pues, yo aspiro a conseguir el dinero para decir «No, gracias, no me interesa, discrepo respetuosamente de ti y tengo la libertad de ignorarte». Lo primero es justificar el hecho de ser un cretino; lo segundo es independencia intelectual.

Nivel 15: Te despiertas todas las mañanas dándote cuenta de que puedes pasar el tiempo haciendo lo que quieras, con quien tú quieras y durante todo el tiempo que quieras. No hay jefes que controlen tu jornada. El endeudamiento social no controla tus opciones. Te has pasado el juego. Y te das cuenta de que, aunque eso no te garantiza ser feliz y que aún tienes un montón de oportunidades de arruinarte la vida, has desbloqueado una potenciación del estilo de vida que el 99,99 por ciento de los humanos que han vivido a lo largo de la historia no han experimentado. El único riesgo es que te olvides de lo agradecido que deberías estar por encontrarte en esta situación.

Estés en el nivel que estés de este espectro y sean cuales sean tus aspiraciones, la clave se halla en darte cuenta de que la independencia es un espectro.

La independencia no es algo que tienes o no tienes: no es una dicotomía de blanco o negro. Cada centavo que ahorres, y cada mínima rebaja de tus gastos, te permite subir en el espectro de la independencia.

Ahora bien, algunas personas valoran la independencia más que otras. Algunas personas quieren estar en una posición superior del espectro. No hay una respuesta correcta a la pregunta de cuánto deberías querer.

Sin embargo, hay muchas personas que no se preocupan de aspirar a la independencia porque les parece que está fuera de su alcance, cuando de hecho —a cualquier nivel de ingresos— podrían mejorar con facilidad su espectro de independencia, lo que a su vez mejoraría su vida.

El truco se encuentra en ver cada pequeña cantidad que ahorras como si hubieras comprado algo activamente, aunque no te den un recibo: has comprado la capacidad de hacer lo que quieras, cuando quieras, con quién quieras durante el tiempo que quieras. Y esto no tiene precio.

SIN HACER RUIDO

A mí me parece que cuanto más alardea uno, menos satisfecho está con su vida. Es una de las fórmulas psicológicas más fiables que existen.

En la película *Al filo de la noticia*, Tom Grunick pregunta: «¿Qué haces cuando tu vida real supera tus sueños?».

Aaron Altman le responde: «No se lo cuentas a nadie».

Cuanto más quieres captar la atención de los demás, y cuanto más intentas centrar esa atención en lo inteligente, rico y exitoso que eres, mayor es la probabilidad de que estés intentando llenar algún tipo de vacío emocional.

Cuando veo a personas que claramente alardean de la gran cantidad de dinero que ganan o gastan, intento no juzgarlas. Pero sí me gustaría preguntarles: ¿a quién intentas impresionar?, ¿qué piensan realmente los demás de tus alardes? y ¿el hecho de alardear no estará, sin quererlo tú, siendo más negativo que positivo para ti?

Deuda social

Cuando tu manera de gastarte el dinero
influye en lo que la gente piensa de ti
de formas indeseadas.

Frank Lucas fue un traficante de drogas, y de los buenos. En los años setenta del siglo xx, su imperio de la heroína en la ciudad de Nueva York generaba 1 millón de dólares al día. Día tras día, año tras año.

En parte, el hecho de que no lo detuvieran por sus delitos durante tanto tiempo se debió a que era discreto, pues llevaba una vida material en buena medida ordinaria, lo que lo ayudaba a evitar una atención indeseada. No estaba en el radar de la policía.

Pero la soberbia, que sabe por dónde colarse, terminó haciendo acto de presencia.

Otros traficantes de baja categoría llevaban una vida ostentosa, y al final Lucas se hartó. Escribió en sus memorias: «No podía soportar que personas que ganaban menos dinero que yo se paseasen por ahí pensando que dominaban el mundo. Y grité a todos los que me escuchasen: "¿De verdad creéis que vais a eclipsarme?"».[1]

En el «combate del siglo» entre Muhammad Ali y Joe Frazier, que tuvo lugar el 8 de marzo de 1971 en el Madison Square Garden, Lucas llevó un abrigo de chinchilla de 100 000 dólares que llegaba hasta el suelo con un sombrero a juego: unas prendas con un valor aproximado de 1 millón de dólares actuales. Se sentó en la mejor localidad, delante de Frank Sinatra y el vicepresidente Spiro Agnew.

«Por primera vez en la vida, sentí de verdad que estaba alardeando», escribió Lucas.

Y funcionó. Muchos desconocidos hicieron cola para sacarse fotos con él y su lujoso abrigo. La prensa enloqueció. Esa noche todo el mundo prestó atención a Frank Lucas.

Incluido el Departamento de Policía de Nueva York.

«Llegué al combate siendo un hombre desconocido —escribió Lucas—. Y salí de allí fichado.»

Asombrados por cómo un hombre desconocido podía llevar esa vida de rey, los agentes de la autoridad empezaron a investigarle, y ahí se terminó todo. Lo detuvieron y fue condenado a setenta años de cárcel.

Lucas era un criminal. Pero déjame presentarte un concepto que es aplicable a todos nosotros, la gente normal. Lo llamo deuda social.

La deuda social es lo que sucede cuando tu manera de gastarte el dinero influye en lo que los demás piensan de ti de formas inesperadas. Y es muy peligrosa, porque esa deuda suele estar oculta.

A veces es que los demás te tengan envidia.

A veces es que de repente te sientas superior a personas cuya compañía antes te apetecía.

Puede ser incluso el aumento de tus propias expectativas derivado de inflar tu estilo de vida.

Hay algunas compras para las que cada euro que te gastas cambia la manera en que te ve el resto del mundo y lo que tú piensas de ti mismo, de formas que puedes terminar lamentando.

———————

Un concepto importante en el ámbito de la farmacología es lo que se denomina ley de Arndt-Schulz, según la cual «con cualquier sustancia, las dosis pequeñas estimulan, las dosis moderadas inhiben y las dosis elevadas matan». Un poco de exposición solar es saludable, incluso necesaria. Una cantidad moderada puede quemarte la piel y dejártela enrojecida. Y demasiado sol puede provocar un cáncer letal. Lo mismo puede decirse del alcohol, el tabaco, la cafeína e incluso la ansiedad mental. Hay un punto de inflexión en el que la estimulación provechosa se convierte en un peligro y luego en una catástrofe. Y a menudo es muy difícil identificar el punto de inflexión hasta que ya es demasiado tarde.

Pues con el dinero ocurre lo mismo.

Puede parecer un disparate, pero creo que todo el mundo tiene un patrimonio neto «ideal», en el que el dinero no solo deja de proporcionar placer, sino que se convierte en una carga social.

El umbral de tu patrimonio neto ideal podría ser distinto al de otras personas. Pero para la mayoría, el nivel es más bajo de lo que probablemente imaginas, porque cuanto más dinero ganas y gastas, más deuda social se filtra en tu vida.

Hace unos años, leí una noticia sobre personas que habían ganado la lotería y luego lo habían perdido todo. Un denominador común de esas historias es que quienes ganan la lotería a menudo se ven sobrepasados —o incluso terminan en quiebra— por la deuda social. En cuanto los demás se enteran de cuánto dinero tienen, amigos, familia y desconocidos se creen con derecho a preguntar, pedir y robar de una forma que deja a los premiados no solo sin blanca, sino también explotados socialmente.

Fijémonos en la historia de uno de los ganadores:

Tras ganar 3,9 millones de dólares en octubre de 1985 y 1,4 millones cuatro meses después, la señora Adams se dio cuenta de que ya no contaba con el privilegio de la privacidad. «Era una persona conocida —dijo— y no podía ir a ninguna parte sin que alguien me reconociera».[2]

Un problema que es fácil pasar por alto en asuntos monetarios es que es sencillo cuantificar los activos, pero que los pasivos pueden estar ocultos. Cuantificar cuánto has ganado en la lotería es sencillo: 3,9 millones de dólares, con una precisión de hasta los centavos. Pero ¿cómo cuantificar el hecho de perder tu privacidad? ¿O la perturbadora duda de que a algunos amigos solo les caigas bien por tu dinero? Esto es mucho más complicado. Tiger Woods es multimillonario. Este activo es fácil de cuantificar. Pero una vez admitió que le encantaba bucear porque era el único lugar del mundo donde nadie lo reconocía y nadie le pedía nada. ¿Cómo puede cuantificarse esa deprimente carga social? No aparece en ninguna hoja de cálculo, pero es una deuda muy real en la vida.

Henry David Thoreau explicó muy bien este concepto. El precio de un producto es muy superior a lo que vemos en la etiqueta. «El coste de algo es la cantidad de lo que llamaré "vida que hay que intercambiar por ello", ya sea de inmediato o a la larga», escribió.

En una ocasión hablé con un grupo de *rookies* de la NBA. Charlamos sobre cómo evitar la frecuente tragedia de los deportistas que ganan una fortuna en la veintena y que al llegar a los treinta están sin un duro.

Un jugador mencionó algo que me pareció muy revelador. Afirmó que la mayoría de la gente piensa que los deportistas se quedan sin blanca porque se ventilan con frivolidad el dinero en joyas y coches. A veces eso es cierto, pero el motivo más común de la insolvencia de los jugadores es la deuda social.

«Cuando te crías en la pobreza y luego ganas 10 millones de dólares a los veintidós años, ese no es tu dinero —me explicó el jugador—. Es el dinero de mamá, el de papá, el de tu abuela, el de los primos, el de los amigos. No puedes decirles: "Yo ya tengo dinero, que tengáis mucha suerte"».

El problema no era que los deportistas se comprasen una mansión; lo que llevaba a los deportistas a la quiebra era el hecho de comprar una casa modesta para un primo lejano a quien no habían visto nunca, pero al que se sentían obligados a ayudar.

Pueden parecer problemas de ricos. Sin embargo, la deuda social se cuela por todas partes, a su manera, también entre la gente normal.

Cuanto más se vincula tu identidad a tus posesiones físicas, más influyen los pensamientos de los demás en tus decisiones de gasto y más deseoso estás de impresionar constantemente a esas personas con algo más nuevo, más grande, mejor y más caro. Así pues, el coste de un coche nuevo que crees que va a impresionar a los demás no es, por decir algo, de 50 000 dólares, sino de 50 000 dólares más el coche de 60 000 dólares con el que vas a sustituirlo al sentir la presión social tan solo dos años después para seguir siendo el centro de atención. Hay un dicho irónico, «Es muy caro ser rico», que es tan cierto como absurdo. Lo costoso es que las personas intenten desesperadamente estar a la altura de la creciente deuda social vinculada a llevar un estilo de vida caro.

Otra forma en que la deuda social se filtra en tu vida son tus propias expectativas. Yo antes cogía regularmente un tren Amtrak desde Washington hasta Nueva York. El tren contaba con un «vagón del silencio», una sección donde todos los pasajeros deben estar callados para que los demás puedan dormir o trabajar. Las personas utilizan el vagón del silencio porque quieren tranquilidad, pero era asombrosa la frecuencia con que el concepto era contraproducente. Cuando tu expectativa es el silencio, te vuelves ultrasensible a cualquier ruidito. Si en el vagón silencioso alguien habla con un volumen superior a un susurro, todo el vagón entra en un estado de profunda irritación. Apostaría a que optar por el «tranquilo» vagón del silencio en realidad hace que a los pasajeros les suba la presión arterial.

Pues lo mismo ocurre cuando compras cosas bonitas.

Quizás no te importaba que tu viejo coche estuviera sucio o abollado, pero ahora que te has comprado uno más bonito, no puedes soportar que se manche de barro y te subes por las paredes si alguien te lo raya en el aparcamiento. Esa angustia es una deuda social, y algunas personas que han adquirido cosas bonitas casi están en bancarrota por ello.

Tal vez cuando compraste una casa nueva y más grande, pensaste que serías más feliz. Pero luego te das cuenta de que el motivo por el que querías una casa más grande era para competir socialmente con otras personas que tenían cosas bonitas. Así pues, en cuanto conseguiste una casa bonita, empezaste a soñar con casas todavía más bonitas. En cuanto aceptas que tu objetivo es tener la casa más bonita de tu grupo social, eso se convierte no solo en una obsesión, sino en un juego que no puede ganarse, pues el grupo con el que te comparas va cambiando con cada casa nueva y más bonita que te compras.

Cuanto más dinero tiene la gente, y cuanto más gasta, más deuda social suele acumular. Superado cierto nivel de gastos básicos, cada grado que se incrementa el estilo de vida conlleva obligaciones sociales, juicios por parte de otros y cambios en tus propias expectativas, que son cargas muy reales pero fáciles de ignorar.

Mi objetivo no es decirte que no te compres coches y casas bonitos: a mí me gustan ambas cosas. De lo que se trata es de que nos demos cuenta de que, una vez que el dinero deja de ser una herramienta que puedes utilizar para hacerte feliz y se convierte en un símbolo a partir del cual los demás te evalúan, has perdido la partida. El escritor Kent Nerburn les escribió esto a sus hijos:

Quiero que sepáis que las posesiones son camaleones que dejan de ser fantasías y se convierten en una carga en cuanto las tienes en las manos y que te hacen desviar la mirada de los cielos y clavarla de lleno en la tierra.[3]

Hace tiempo hice labores de asesoría para una familia con un patrimonio de 8000 millones de dólares. Si buscabas su apellido en Google, no aparecía nada. Ni salían en la lista *Forbes*, ni en fotos de galas, ni en perfiles, ni en la Wikipedia..., nada.

Y eso era deliberado.

Esa familia dominaba lo que muchas otras personas —los ricos, la clase media, los aspirantes a rico y todos los que están entremedias— no lograban reconocer. Vivían la vida más espectacular que puedas imaginar y, además, no tenían apenas deuda social.

Tenían libertad, privacidad e independencia absolutas. Elegían sus amigos con prudencia y donaban dinero de forma anónima. Su falta de deuda social tal vez fuera su activo más valioso.

Aquello me recordaba a lo que dijo una vez Naval Ravikant: la mejor posición en la que uno puede estar es la de ser rico *y anónimo*.

Esta opinión es maravillosa, pero no responde a la siguiente pregunta: ¿cómo las personas normales como tú y yo evitamos la deuda social? ¿Cómo podemos hacernos ricos y seguir siendo anónimos, de modo que nuestras decisiones de gasto no influyan en nuestra vida social de formas desastrosas?

Mi estrategia se llama acumulación discreta. Y te la explico en el siguiente capítulo.

Acumulación
discreta

La forma más rápida de hacerte rico
es ir despacio.

«La naturaleza no tiene prisa y, aun así, todo se lleva a cabo», dijo el filósofo chino Lao-Tse.

Secuoyas gigantes, organismos avanzados, montañas altísimas: la naturaleza construye los rasgos más prodigiosos del universo. Y lo hace silenciosamente, con un crecimiento que casi nunca es visible ahora mismo, pero que es impactante si nos fijamos en largos períodos de tiempo.

Es una acumulación discreta, y al verlo parece un milagro.

Me encanta la idea de acumular discretamente tu dinero. Tal vez esta sea mi opinión financiera más importante y valorada, porque es muy sencilla, pero incorpora muchas características financieras poderosas de las que ya hemos hablado en este libro. Y, al igual que en la naturaleza, es donde vas a observar los resultados más impresionantes.

Cada pocos años sale la noticia de un pueblerino sin formación y con un trabajo poco remunerado que consigue ahorrar y, gracias al interés compuesto, acumula decenas de millones de dólares.

La historia es siempre la misma: esa persona no hizo más que ahorrar e invertir con discreción durante décadas. Nunca alardeó, nunca presumió, nunca se comparó con otras personas ni se preocupó por si sus inversiones habían seguido el ritmo de su índice de referencia el año anterior. Todo su universo financiero —sus pensamientos, objetivos y creencias— estuvo contenido entre las paredes de su casa, lo que le permitió jugar a su propio juego y avanzar guiado por nada más que sus propios deseos. Ese fue su superpoder. Era, de hecho, su única habilidad financiera, pero es la más poderosa de todas.

Esa persona fue un maestro de la acumulación discreta.

Con independencia del estilo de vida que lleves o de cuánto dinero gastes, esta es una idea muy poderosa que hay que entender.

Imagina que, después de la primera cita con una hipotética pareja, tuvieras que publicar en las redes sociales todas tus llamadas, mensajes y conversaciones con ella. O enseñárselo aunque fuera solo a un pequeño grupo de amigos y familia. Ya sabes lo que ocurriría: la gente te diría que estás haciendo esto mal, que estás haciendo aquello en exceso, que deberías decir más de esto y menos de lo otro, etcétera. Estarías tan incómodo, nervioso e influenciado por los objetivos y las distintas personalidades de los demás que *no serías tú*. Ninguna relación funcionaría.

Pues con el dinero sucede algo parecido. Las personas se ponen tan nerviosas por lo que los demás piensan de su estilo de vida y sus decisiones de inversión que terminan haciendo dos cosas: actuando para los demás y copiando una estrategia que quizás le funcione a otro individuo pero que no es la adecuada para ellas.

Déjame que insista en las dos formas de utilizar el dinero: una es como una herramienta para vivir una vida mejor; la otra es como un criterio para evaluar tu éxito con respecto a los demás. La primera es discreta y personal; la segunda, llamativa y escenificada. Es muy obvio lo que conduce a una vida más feliz.

Para mí, la acumulación discreta significa varias cosas:

1. La preponderancia de los puntos de referencia internos frente a los externos.

A mí me ha servido preguntarme siempre: «¿Estaría satisfecho con este resultado si nadie pudiera verlo aparte de mí y mi familia y si no lo comparase con el aparente éxito de otras personas?».

Recuerda que es imposible ganar la partida de la comparación social porque siempre hay alguien que se está haciendo rico más deprisa que tú. En cuanto dejas de jugar a ese juego, tu atención cambia al instante internamente y se centra en lo que a ti y a tu familia os hace sentir felices y realizados. Hace que sea mucho más fácil disfrutar de tu dinero, con independencia de cómo eliges gastártelo.

2. La aceptación de lo diferentes que son las personas y la toma de conciencia de que lo que me funciona a mí tal vez no te funcione a ti y al revés.

Christopher Morley dijo: «El éxito es esto y nada más: ser capaz de vivir la vida a tu manera».

Muchos errores financieros se deben a que intentamos copiar a personas que son distintas de nosotros.

Así pues, cuidado con las personas a las que pedimos consejo, cuidado con las personas que admiramos y cuidado incluso con las personas con las que socializamos. Cuando uno actúa con discreción, es menos susceptible a que personas con objetivos y personalidades distintas le digan que lo está haciendo mal.

Mi amigo Brent Beshore afirma: «Estoy encantadísimo de ver cómo te haces muy rico haciendo algo que yo no tengo ningún interés en hacer». Puedes aplicar esta filosofía también a cómo las personas gastan y ahorran su dinero. Todos somos diferentes. La vida no es un juego de suma cero. Vive y deja vivir.

3. La concentración en la independencia personal más que en la superación de los demás.

En cuanto actúas con discreción, te vuelves egoísta en el mejor sentido: utilizas el dinero en beneficio de tu vida en lugar de intentar influir en la percepción que los demás tienen de ella. Yo preferiría despertarme y poder hacer lo que quisiera, con quien quisiera y durante el tiempo que quisiera antes que intentar impresionarte con cosas bonitas.

4. La toma de conciencia de que la riqueza rápida es riqueza frágil.

El dinero que se ha ganado en poco tiempo suele ser llamativo, mientras que la acumulación discreta es una tarea a largo plazo.

Esto es importante, porque la rapidez con que ganas dinero puede influir mucho en cómo lo gestionas. Me encanta la idea de que la velocidad con que has obtenido tu riqueza es la vida media de lo rápido que puedes perderla. ¿Has duplicado tu dinero en un año? Pues que no te sorprenda perder la mitad también en un año. Y con las empresas sucede lo mismo: escalar en un pispás te lleva a fracasar en un pispás.

Con la riqueza rápida y frágil ocurren dos cosas.

Una es que el dinero que llega con facilidad tiende a gastarse con facilidad. Cuando el dinero llega de sopetón, el coste emocional de ventilárselo en algo frívolo es bajo. Solo te andas con cuidado con algo cuando lo aprecias. Gastar dinero en el que no has invertido mucho tiempo ni energía para ganarlo puede ser el equivalente de un rollo de una noche: impulsivo y propenso a los remordimientos. Por eso las familias ricas de toda la vida quieren evadir impuestos y los nuevos ricos quieren un Lamborghini.

La otra es que cuanto más deprisa se ha obtenido la riqueza, mayor es la probabilidad de que sea consecuencia de un golpe de suerte, y esa suerte va a revertirse con la misma rapidez. Si experimentas una rápida entrada de dinero caído del cielo e incrementas tu estilo de vida conforme a ese nuevo capital, el dolor que vas a sentir cuando esa inyección no pueda repetirse puede ser existencial.

Cuando aceptas estas realidades, la belleza de la acumulación discreta —lenta, desapercibida, no escenificada, a tu manera— se hace muy evidente.

5. La comprensión de que la forma más rápida de hacerte rico es ir despacio.

¿Qué ocurre cuando la acumulación discreta se convierte en tu objetivo? Lo primero es que sientes menos presión para escenificar una imagen ante los demás. Y, cuando dejas atrás ese personaje, tu atención se asoma de forma natural a un futuro más lejano, ya que te preguntas cómo construirte una vida mejor en lugar de buscar más atención.

Eso te permite potenciar una de las habilidades financieras más poderosas: la capacidad de resistencia.

Una gran ironía de las finanzas es que a menudo la forma más rápida de hacerte rico es ir despacio. Nunca tienes prisa, nunca estás impaciente, apenas preocupado o influenciado por que los demás hagan las cosas de maneras distintas. Sabes que el largo plazo y la capacidad de mantener algo durante el mayor tiempo posible son la verdadera magia de las finanzas. Al igual que con otras muchas cosas de la vida, la velocidad se lleva toda la atención, pero la lentitud tiene todo el poder.

Muchas personas quieren ser inversores a largo plazo, pero en realidad les cuesta hacerlo. Un motivo es que se quedan atrapados en las comparaciones: se comparan con sus iguales, con puntos de referencia, y se preguntan qué pensarán de ellos los demás si se enteran de que han perdido dinero en los últimos seis meses.

Al invertir, para tener éxito monetario a largo plazo hay que ser capaz de absorber una volatilidad razonable; si no puedes hacerlo, te ves empujado hacia el truco, mucho más difícil, de intentar evitar la volatilidad a corto plazo. Solo tienes capacidad de resistencia cuando te importa más sobrevivir a la volatilidad que parecer tonto porque te haya afectado este fenómeno.

En lugar de intentar parecer más listo que nadie, haces una apuesta discreta a largo plazo a que con el tiempo las cosas van a ir mejorando poco a poco.

No tienes prisa y, aun así, todo se lleva a cabo.

Y ahora hablaremos de lo que pasa cuando te miras en el espejo y lo único que ves es dinero.

Identidad

Cuando el dinero controla quién eres.

«El dinero es como la gasolina durante un viaje por carretera —afirma el autor Tim O'Reilly—. No quieres quedarte sin combustible durante el viaje, pero no vas a hacer un *tour* de gasolineras.»[1]

Una de las formas más habituales en que el dinero deja de ser una herramienta y se convierte en un amo es cuando tus opiniones y objetivos financieros se vuelven parte de tu identidad.

Cada persona es distinta, pero mi identidad es la siguiente: padre, marido, hijo, amigo. Esto es lo verdaderamente importante para mí y en torno a ello estructuro mi vida. Si puedo utilizar el dinero para potenciar estas cosas, fenomenal. Pero no quiero que el dinero sea nunca uno de estos elementos.

Harvey Firestone, que en aquel entonces era uno de los hombres más ricos de Estados Unidos, escribió en la biografía que publicó en 1926 que a menudo echaba de menos la vida sencilla que llevaba antes de hacerse rico:

Pagaba veinticinco dólares al mes para tener una casita; la cesta de la compra apenas nos costaba, de media, cinco dólares a la semana. A veces parece que tal vez sería mejor volver a esos días de mayor simplicidad, que uno quizás saca más provecho de una vida menos compleja [...]. Pero eso no es posible [...]. Uno cambia con la prosperidad. Todos pensamos que deberíamos llevar una vida sencilla, pero luego nos damos cuenta de que hemos adoptado mil pequeños hábitos de los que apenas somos conscientes porque forman parte de nuestro ser. No hay forma de volver atrás, a menos que uno se quede sin blanca.[2]

Firestone quería volver a esa vida sencilla, pero no había forma de volver atrás, a menos que uno se quedase sin blanca, porque ser un hombre rico se había vuelto parte de su ser.

Vaya confesión. Y qué ejemplo de lo que sucede cuando tu relación con el dinero se incrusta en tu identidad.

El inversor Paul Graham tiene una máxima: «No dejes que tu identidad se infle».

Cuantas más etiquetas te cuelgas, más tonto te hacen. Si las personas no pueden pensar con claridad sobre cualquier cosa que se haya vuelto parte de su identidad, entonces, en igualdad de las demás condiciones, el mejor plan es dejar que se incrusten en tu identidad el menor número de cosas posible.[3]

En la vida, cada vez que dices «Yo soy...» —sea lo que sea—, has creado una identidad. Y las identidades son tan importantes que las personas a menudo llegan hasta límites absurdos para defenderlas.

Déjame que comparta contigo la identidad financiera más común que puede perjudicarnos de formas que nunca imaginamos: «Yo soy un ahorrador».

Parece una característica muy buena y suena de lo más inocente. Y, desde luego, ambas cosas son ciertas. Pero muchos asesores financieros te dirán que uno de los mayores desafíos es conseguir que los clientes gasten una vez jubilados, aunque sea una cantidad razonable y conservadora. La austeridad y el ahorro se convierten en una parte tan grande de la identidad de algunas personas que nunca logran cambiar de actitud.

Yo lo llamo «austeridad por inercia». Es lo que sucede cuando una vida de buenos hábitos de ahorro no desemboca en una fase de gasto razonable.

Creo que lo que muchas personas quieren conseguir de verdad con el dinero es la posibilidad de dejar de pensar en él. Quieren ahorrar el dinero suficiente para poder dejar de pensar en él y centrarse en otras cosas.

Sin embargo, cuando tu relación con el ahorro se incrusta en tu personalidad, el objetivo final puede frustrarse. Te cuesta dejar de centrarte en el dinero porque el elemento en el que te centras es una parte sustancial de tu identidad. Asocias el éxito en la vida con el aumento constante de tu cuenta bancaria y nunca eres capaz de gastarte el dinero que tienes, ni siquiera de una forma razonable.

Si a una edad temprana desarrollas un sistema consistente en ahorrar y vivir muy por debajo de tus ingresos, enhorabuena, esto es magnífico. Pero si nunca logras liberarte de ese sistema e insistes en seguir un duro régimen de ahorro incluso en los años de tu jubilación..., ¿de qué sirve? ¿Acaso ganas algo actuando así? Las personas cuyo objetivo fundamental es dejar de pensar en el dinero se quedan estancadas. Negarse a reconocer que has conseguido tu objetivo puede ser tan negativo como no alcanzarlo nunca.

Charles Darwin se dio cuenta de que algunos animales presentaban determinados rasgos que eran un obstáculo para su supervivencia: el plumaje de los pavos reales, que atrae depredadores, o una cornamenta enorme, que dificulta la capacidad de maniobra cuando el individuo es objeto de persecución. ¿Por qué la evolución no encontró una solución para ello? Pues es sencillo, argumentó Darwin: algunos rasgos son beneficiosos para el éxito reproductivo aunque supongan un riesgo a largo plazo. Existen muchos ejemplos de esto en la naturaleza, y está demostrado que un gen concreto relacionado con el éxito reproductivo en los humanos también está vinculado con la enfermedad de Alzheimer.[4] A la naturaleza se le da muy bien fomentar un comportamiento a pesar de que con el tiempo conlleve ciertos perjuicios.

Pues con el dinero ocurre algo muy parecido. En cuanto se te incrusta un comportamiento inteligente —un buen régimen de ahorro o una forma de gastarte el dinero que te gusta, o incluso una estrategia de inversión—, corres el riesgo de no ser capaz de ver cuándo podría ser razonable hacer algo distinto, cuándo te estás encaminando a posibles problemas. Siempre que estableces una identidad monetaria —soy ahorrador, soy rico, soy pobre, siempre compro esto, siempre compro aquello—, te creas un obstáculo que algún día te va a dificultar modificar tu actitud, cambiar de opinión o intentar algo nuevo.

Esto es habitual en el mundo de las inversiones, en el que las personas se cuelgan etiquetas como «inversor en valor», «*trader*» o «inversor tecnológico». Las etiquetas parecen inocuas, pero, en cuanto te cuelgas una, creas una identidad que te impide ver el panorama general, encontrar otras oportunidades o cambiar de opinión cuando lo necesites.

En cierto modo, esas etiquetas pueden convertirse en una especie de secta: el movimiento FIRE (independencia financiera, jubilación temprana), por ejemplo, empezó con un objetivo loable (independencia financiera), pero ese objetivo puede quedar tan incrustado en la identidad de sus seguidores que dejan trabajos que quizás les gustaban, lo que perjudica su vida social y conduce al aburrimiento.

¿Quién está al mando en ese punto: tú o tu devoción por una filosofía financiera?

Hace tiempo conocí a un chico cuyos padres son multimillonarios desde hace décadas. Ese chico —que ahora está en la cuarentena— se crio en unas condiciones que casi ninguno de nosotros podría imaginar. Varias mansiones. Aviones privados. Chóferes. Mayordomos. Todo lo que se pudiera comprar con dinero, en la cantidad que él quisiera y siempre que él quisiera.

Y me asombró detectar, al poco tiempo de conocerlo, que era un tipo de lo más normal. Muy centrado, humilde, educado, empático, auténtico y —me atrevo a decir— con el que podríamos identificarnos. Sea lo que sea lo contrario de consentido, él parecía serlo, lo cual es sorprendente teniendo en cuenta las circunstancias en las que se crio.

Le pregunté cómo les había salido bien el truco a sus padres. ¿Cómo criar a un niño para que sea tan normal cuando lo que le rodea es tan extremo?

«No es complicado —me dijo—. El dinero nunca ha formado parte de nuestra identidad.»

Pues, entonces, ¿qué formaba parte de su identidad?

«Querernos unos a otros, ser unos buenos jefes, ser buenos ciudadanos. De eso es de lo que hablábamos. Y con estos conceptos juzgábamos a los demás.»

Me contó que, a pesar de saber desde pequeño que su familia tenía más dinero y juguetes que cualquier otra persona que él conociera, sus padres nunca le dieron a entender que eso los hiciera superiores a nadie. El dinero era una herramienta para potenciar quiénes eran, pero nunca controló o definió su identidad.

«Cuando los niños se vuelven unos malcriados, por lo general no es solo porque sus padres les compren muchas cosas —me explicó—. Es porque los padres les enseñan que tener más que los demás los hace mejores que ellos.» Y los padres de hijos mimados a menudo creen esto porque ganar, tener y gastar dinero es una parte integral de quiénes son. Se miran en el espejo y eso es lo que ven: dinero, dinero, dinero. «Soy una persona que tiene dinero.» Esta es su identidad.

Incluso Charlie Munger —una de las mentes financieras más astutas y racionales del último siglo— pareció caer en la trampa de una identidad financiera.

Poco antes de morir, en 2023, el legendario multimillonario le dijo a una periodista que «podría haberlo hecho mucho mejor si hubiera sido un poco más listo y un poco más rápido».

«Pero ¿cómo...? Usted ha tenido éxito en todo lo que ha hecho en la vida», le contestó la entrevistadora de la CNBC Beck Quick.

«Bueno, podría haber conseguido varios billones en lugar de varios miles de millones», respondió Munger.

«¿Le sigue dando vueltas a eso? ¿Qué habría hecho distinto?», le preguntó entonces Quick.

«Pues sí, sí que le doy vueltas. Pienso en lo que se me escapó por los pelos por no ser lo bastante inteligente o trabajador», sentenció Munger.[5]

Puedes interpretar esos comentarios de muchas maneras. Munger era un gestor financiero profesional, así que probablemente era inevitable que el dinero estuviera vinculado a su identidad.

Aun así, piensa en una persona corriente con la misma mentalidad: has alcanzado el éxito financiero, puedes jubilarte, puedes hacer lo que quieras, pero en lo único que piensas es en cómo podrías haber ganado, ahorrado o invertido más dinero. Hay muchas personas así. El dinero es su identidad.

Llegado este punto debes preguntarte: ¿está el dinero a tu servicio o estás tú al suyo? ¿Es tu herramienta o tu amo?

———————

He aquí un par de cosas que hay que tener presentes para impedir que el dinero se infiltre en tu identidad de una forma perjudicial:

1. **Valora la capacidad para cambiar de opinión, de estilo de vida, para modificar tus gastos y para probar cosas nuevas.**

La señal más clara de que algo se ha convertido en una parte peligrosa de tu identidad y de que te controla a ti y no al revés es la incapacidad para cambiar de opinión cuando cambias tú o cambian las circunstancias.

El fundador de Visa Dee Hock tenía una máxima magnífica: «Una opinión no es peligrosa hasta que se convierte en un absoluto».

La religión y la política son asuntos polémicos porque casi por definición tus opiniones en estos ámbitos forman parte de tu identidad: no se trata solo de ideas y filosofías, sino de tribus y pertenencia. Otra cita de Dee Hock también es aplicable a lo que comentamos: «Nacemos con una capacidad casi infinita de convencernos de cosas porque esas convicciones nos son beneficiosas, no porque estén ni remotamente relacionadas con la verdad».[6] El peligro empieza cuando las personas dejan que sus opiniones financieras entren en la misma categoría.

A mí me encanta el concepto de liquidez mental. Es la capacidad de abandonar con rapidez opiniones y estrategias previas cuando el mundo cambia, cuando tú cambias o cuando aparece nueva información.

En buena medida, lo que la gente llama «convicción» es en realidad una deliberada falta de respeto por hechos que podrían hacerles cambiar de opinión. Es peligroso porque «estar convencido de algo» parece una característica positiva, mientras que su contrario —«estar dubitativo»— te hace sentir y sonar como si no supieras qué está pasando.

A menudo es útil la estrategia de tener unas opiniones firmes pero defendidas sin apasionamiento.

A mi edad actual, creo firmemente que debo ahorrar para el futuro. Pero no me supondrá un problema abandonar esta estrategia a medida que me haga mayor, trabaje menos y quiera disfrutar de lo que he ahorrado. Y lo mismo vale para aquello en lo que me gusta gastarme dinero hoy en día e incluso para la clase socioeconómica a la que pienso que pertenezco.

El objetivo es ser capaz de vivir la vida que quieres y que el dinero esté a tu servicio. Solo alcanzas ese objetivo cuando tus opiniones financieras no están ligadas a tu identidad. Querer más dinero del que necesitas para ser independiente y feliz no es más que un pasatiempo de contabilidad.

El dinero siempre debería ser una herramienta para potenciar quién eres y no un objetivo en sí mismo.

2. Identifica qué significa de verdad la independencia de pensamiento.

La mejor definición de independencia de pensamiento es que tus opiniones sobre un tema no puedan predecirse a partir de tus opiniones sobre otro. Si me dices qué partido político votas y yo puedo al instante y con precisión adivinar tu opinión sobre la inmigración, el aborto, los impuestos y las armas, ¿tienes una verdadera independencia de pensamiento o solo sigues los dictados de tu tribu?

Pues lo mismo ocurre con el dinero. Sobre todo en el caso de las personas con unos ingresos superiores a la media: si me dices cuál es tu sueldo y yo puedo adivinar con precisión cuánto te gastas en coches, vivienda, ropa y vacaciones, ¿estás usando el dinero como una herramienta para potenciar tu personalidad única o solo estás haciendo lo que la sociedad te dicta sobre aquello en lo que deberías querer gastarte el dinero?

De las personas que conozco, las que han utilizado mejor el dinero tienen unos hábitos de gasto incoherentes. Gastan mucho en una cosa y muy poco en otra. Valoran esto y, en cambio, les trae sin cuidado aquello. Son pensadores independientes, y fuerzan el dinero a trabajar para ellos y no al revés.

Es como lo que escribe el poeta Rudyard Kipling: «Si puedes hablar con las multitudes y conservar la virtud o caminar entre reyes sin creerte superior a los plebeyos», estás acercándote a la grandeza.

Y, a continuación, hablaremos de lo que necesitas para impedir que la identidad controle tus opiniones monetarias: probar cosas nuevas.

Probar cosas nuevas

No me cansaré de recomendarlo:
dentro de los límites de tu presupuesto,
experimenta con todos los tipos de gasto
que puedas y elimina con rapidez y sin
contemplaciones aquello que a ti no te sirva.

En una ocasión le preguntaron a Francis Crick, uno de los descubridores de la estructura en doble hélice del ADN, qué hacía falta para ganar el Premio Nobel. Él respondió: «Ah, es muy sencillo. Mi secreto ha sido que sabía lo que tenía que ignorar».[1]

Muchas mentes brillantes funcionan así. Albert Einstein dijo una vez que su principal talento científico era su capacidad de leer miles de artículos y experimentos, encontrar los pocos que eran importantes e ignorar todo el resto.[2]

Suena trivial: encuentra lo que funciona, haz eso y punto; ignora el resto. Gracias, Einstein.

No obstante, esta estrategia es muy sabia, y va fenomenal cuando uno se plantea encontrar aquello en lo que debería estar dispuesto a gastarse el dinero.

Pero, antes de hablar de eso, déjame que te cuente una idea que tengo sobre los libros.

———

Cuando busco un nuevo libro para leer, mi estrategia es tener un embudo ancho y un filtro selectivo. La idea es empezar a leer cuantos más libros mejor pero terminar pocos.

Si insistes en terminar cada libro que empiezas, la lectura se convierte en una tarea pesada, porque la mayoría de los libros o están lo bastante resumidos en la introducción o sencillamente no son para ti.

Así pues, empeñarse en terminar todos los libros que empiezas puede ser una tarea ardua. Puede ser aburrido, insatisfactorio y una pérdida de tiempo. Y, en cuanto ves la lectura desde esta óptica, tu predisposición a elegir otro libro se desvanece. He llegado a la conclusión de que ese es el motivo por el que según algunas encuestas la mitad de los estadounidenses nunca leen libros.[3]

Y esto, desde luego, es trágico. «El hombre que no lee buenos libros no tiene ninguna ventaja sobre el hombre que no puede leerlos», afirmó Mark Twain. Toda persona inteligente que conozco es un lector voraz que a su vez dice: «Toda persona inteligente que conozco es un lector voraz». Existen muy pocas excepciones a esta regla.

Hay más de cuatro millones de libros a la venta en inglés. Si solo eliges libros que sabes con seguridad que te van a gustar —leyendo a los mismos autores, los mismos géneros o sobre los mismos temas—, te estás perdiendo muchos libros que podrían cambiarte la vida y que nunca sabrás que podrían haberte gustado.

El conflicto entre estos dos elementos —la mayoría de los libros no hace falta leerlos hasta el final, pero algunos pueden cambiarte sorprendentemente la vida— significa que necesitas dos cosas para aprovechar la lectura al máximo: muchos inicios y un filtro selectivo.

Deberías estar dispuesto a empezar a leer cualquier libro que parezca aunque sea solo medianamente interesante. Cualquier cosa. Si te despierta siquiera un mínimo interés, debería pasar el corte. Ficción, no ficción, novelas románticas, historia militar, pruébalo todo. El embudo debería ser lo más ancho posible para explorar cuantas más ideas nuevas mejor.

Pero también necesitas un filtro selectivo. Si el libro no te está encajando, cámbialo por otro enseguida.

El filtro debería ser implacable, sin hacer prisioneros ni tener compasión. De un modo parecido a encontrar pareja, un libro que no te gusta tras diez minutos de atención tiene poca probabilidad de llevar a un final feliz. No deberías sentir vergüenza o culpa por no terminar un libro, aunque lo dejes después de las primeras páginas. Existen montones de libros buenos. Ve a buscar otro.

Desde que empecé a utilizar esta estrategia, he descubierto muchos libros magníficos que nunca hubiera sabido que iban a gustarme. A mí nunca me había interesado la ficción hasta que me forcé a iniciar la lectura de diez libros distintos de este género y encontré uno que me encantó. Y lo mismo con la historia, que me parecía la peor asignatura en el instituto hasta que al final descubrí algunos temas sobre los que no me cansaba de leer. Me han encantado algunos libros con malas reseñas. Y, en cambio, en el caso de otros libros con reseñas estelares no he podido pasar de la primera página.

Esto es lo que he aprendido: es imposible saber lo que te va a gustar hasta que no lo pruebas, así que tienes que probarlo todo. Pero la única forma de probar un millón de cosas nuevas es tener un filtro selectivo que rechace de inmediato lo que no es para ti.

Y, madre mía, ni te imaginas lo cierto que es esto cuando hablamos de gastar el dinero.

Hay muchas formas distintas de gastarse el dinero que son adecuadas para una persona pero un disparate para otra.

Algunas personas se desviven por los viajes internacionales; otras no soportan pasar tiempo fuera de casa por ningún motivo. A algunos les chiflan los restaurantes bonitos; a otros no los convence la publicidad y prefieren una *pizza* barata. Conozco a personas que piensan que gastar dinero en billetes de avión en primera clase roza la estafa; otras no se atreverían a sentarse por detrás de la cuarta fila. Tengo un amigo que tiene más de quinientos pares de deportivas, lo que le da un gozo inmenso. Yo soy totalmente incapaz de entenderlo.

El autor Ramit Sethi suele dar un consejo que me fascina: deberías gastar con profusión en las cosas que te encantan, siempre que recortes sin piedad en las cosas que no te gustan. Y pone este ejemplo concreto: a él le encanta la ropa, pero no le van los coches. Así pues, se viste como un hombre rico pero es austero en lo relativo a la conducción.

Si no estás de acuerdo con las decisiones de Ramit, ya has entendido el razonamiento: cada persona es distinta. Cada uno tiene su «cosa». Y la única forma de encontrar la tuya es probar un millón de cosas distintas y rechazar lo que no te proporciona gozo hasta que encuentres esa cosa que sí lo hace. Gastar dinero es un ámbito de la vida en el que va bien tener un embudo ancho y un filtro selectivo.

No me cansaré de recomendarlo: dentro de los límites de tu presupuesto, experimenta con el mayor número de tipos de gasto que puedas y recorta deprisa y sin piedad aquello que a ti no te funcione.

Prueba a gastar más de lo que lo haces en la actualidad en comida, viajes, ropa, eventos deportivos, experiencias, lo que sea. Pero deja de hacerlo de inmediato si no te hace más feliz, como si estuvieras leyendo un mal libro.

Si repites esta estrategia lo suficiente, encontrarás por eliminación esa cosa —por estrambótica que sea— en lo que a ti te va bien gastar dinero, y si recortas las otras cosas que no te proporcionan gozo, es probable que tengas fondos suficientes para dedicarlo a lo que sí te hace feliz.

Cuantos más tipos diferentes de gasto pruebes, más probable será que te acerques a un sistema que te funcione. Las pruebas no tienen por qué ser grandes: 10 dólares de alimentos nuevos por aquí, un capricho de 50 dólares por allí, unos zapatos un poco más bonitos, etcétera.

Albert Einstein y Francis Crick no nacieron sabiendo ya los detalles concretos de su ámbito; como todo el mundo. Tuvieron que cribar montones y montones de artículos de investigación y rechazar enseguida lo que les parecía trivial. Es una estrategia útil a la hora de gastar dinero, pues no existe una guía que te diga lo que va a hacerte feliz: tienes que probar un millón de cosas distintas y averiguar lo que encaja en tu personalidad, para luego recortar sin piedad el resto.

Un embudo ancho y un filtro selectivo.

———

Hay varios aspectos que es crucial entender en esta tarea de encontrar tu «cosa»:

1. **Si no puedes encontrar tu «cosa», es muy probable que el dinero te haya atrapado, que controle tu personalidad. Así pues, o bien eres adicto a ahorrar o ignoras el potencial del dinero, con lo cual eres incapaz de utilizarlo como una herramienta para proporcionarte gozo en la vida.**

Si encontrases a alguien que dijera «No me gusta la comida, ningún alimento. Nunca ha habido un plato que haya disfrutado del todo», enseguida pensarías que esa persona no ha probado suficientes alimentos.

Pues con el dinero puede suceder algo parecido.

Hay un momento en la película *El informador* en el que un personaje afirma: «La gente que dice que el dinero no da la felicidad es que no tiene». Yo la modificaría así: la gente que dice que el dinero no da la felicidad aún no ha encontrado su cosa. Deberían seguir intentándolo. Con un embudo más ancho.

Y no tiene por qué tratarse de posesiones materiales. Tu cosa puede ser donar dinero o usarlo como una forma de independencia. Cada persona tiene una cosa si se esfuerza lo suficiente para encontrarla.

2. Es habitual que por defecto a la gente le guste aquello que la sociedad le dicta que debería gustarle.

Y la idea suele ser que el producto más caro les proporcionará más gozo.

A veces es cierto. Pero muy a menudo no es así ni de lejos.

Utilizar el precio como medida de cuánta dicha te reportará una compra puede ocultar una de las lecciones más importantes de la historia de los negocios: los precios prémium se suelen encontrar en productos de marca, y el propósito de una marca no es indicar calidad. Es indiciar coherencia.

Una característica importante de la vida en Estados Unidos antes de 1850 es que la mayoría de las personas nunca se alejaban más de algunas decenas de kilómetros de su lugar de nacimiento. La vida era local. Comías alimentos cultivados en tu pueblo. Tu casa estaba hecha con madera local. Tus prendas las cosía una costurera de la población. Conocías a la persona que las había hecho. A menudo esa persona eras tú.

La Revolución Industrial y la guerra civil estadounidense cambiaron eso. De repente, millones de personas y soldados fueron de un lado a otro del país, y los ferrocarriles ofrecieron una vía para transportar bienes más lejos y más deprisa que nunca.

Robert Gordon escribe en su libro *The Rise and Fall of American Growth* («El ascenso y la caída del crecimiento estadounidense»):

> A medida que Estados Unidos se convirtió en un país más urbano y que los ingresos reales aumentaron, se redujo drásticamente el porcentaje de alimentos y ropa producidos en casa [...]. Muchos hombres estadounidenses tuvieron su primera experiencia con la comida enlatada cuando fueron soldados de la Unión durante la guerra civil.

Ese fue uno de los mayores avances de la historia. No obstante, supuso un problema.

Por primera vez, los consumidores estaban desconectados de la persona que había elaborado su alimento. Durante la mayor parte de la historia, un mal producto era o bien culpa tuya o podía reclamarse cara a cara ante un comerciante local. Pero la comida enlatada procedía de montones de proveedores distintos, y los clientes no conocían ni podían identificar a ninguno de ellos. Como no había rendición de cuentas, la calidad era horrible. La revista *Harper's Weekly* escribió en 1869: «Los ciudadanos corren el peligro constante de comprar [comida enlatada] no saludable; los distribuidores no tienen principios y la sociedad no sabe distinguir los productos». Nadie sabía en quién confiar.

Pero entonces la empresa William Underwood Company resolvió el problema.

Underwood era uno de las decenas de proveedores de comida en lata. Al darse cuenta de que la carne enlatada tenía la mala fama de que a veces estaba buena y a veces no, Underwood creó un logotipo con un demonio rojo que los consumidores reconocerían. Y añadió un lema: «Marcado con el demonio pero perfecto para los dioses».

El logo recreaba la familiaridad de que el comercio presencial había gozado durante la mayor parte de la historia. Se encontrasen en la zona del país en la que se encontrasen, los consumidores que veían el demonio rojo sabían que compraban un producto concreto elaborado por una empresa concreta con unos estándares de calidad concretos. No les importaba pagar más por la carne de Underwood porque así corrían un riesgo menor del que habrían corrido con un producto desconocido.

En 1867, Underwood llevó el logotipo a la ciudad de Washington y presentó la primera solicitud para obtener una marca registrada federal. Fue, en muchos sentidos, la primera marca del país.

Lo que quiero decir es que una marca siempre ha consistido en indiciar coherencia. McDonald's no ofrece las mejores hamburguesas, pero sabes que una hamburguesa de McDonald's en Detroit tendrá el mismo sabor que una en Dinamarca.

Y eso tiene valor, y a menudo permite exigir un precio prémium. Sin embargo, eso significa que buena parte del precio prémium de la economía actual puede desvincularse de la calidad del producto. No necesariamente pagas por la calidad, sino que pagas por la coherencia.

Cuando te das cuenta de que un precio más alto no indica de forma automática mayor calidad, la necesidad de experimentar con más tipos de gasto es mayor todavía. He sentido más placer con un burrito de 7 dólares de un pequeño negocio local que comiendo en algunos restaurantes famosos de cinco estrellas, y he encontrado camisetas que cuestan 12 dólares que son mejores que otras que valen 100.

Cuando dejas de pensar en el atractivo de una marca y te centras en lo que te hace más feliz, se abre un nuevo mundo de oportunidades si estás dispuesto a experimentar.

3. Aprender a qué cosas hay que decir enseguida que no puede ser más importante que lo que compres.

Probar un millón de cosas nuevas no funciona a menos que desarrolles la habilidad de rechazar enseguida lo que no es para ti, al igual que el lector aburrido que abandona un libro después de la primera página.

El peligro de gastar dinero en la actualidad es, en parte, el supuesto de que tiene que gustarte lo que se anuncia, es popular y caro. Quizás eso sea lo tuyo. Pero tal vez estés cayendo de pleno en la trampa del poder psicológico de la publicidad.

Saber cuándo rechazar enseguida el tipo de gasto que no encaja en tu personalidad es una de las habilidades más ignoradas al gestionar el dinero. Requiere una independencia firme, para que la persona no termine creyendo, por vergüenza, que lo que las demás parecen disfrutar es lo mejor para ella.

Tengo una teoría al respecto: cuanto más susceptible eres a la publicidad, menos satisfecho te encuentras con tu vida. Estás desesperado por que alguien te diga lo que debería gustarte porque aún no lo has averiguado por tu cuenta.

La solución no es tanto descubrir qué deberías comprar, sino rechazar lo que a ti no te funciona: lo contrario de caer presa del *marketing*.

La evolución, la fuerza más potente del mundo, nos enseña destruyendo lo que no funciona, seleccionando lo que sí mediante un proceso de eliminación. Pues gastar el dinero puede ser lo mismo. El embudo ancho solo funciona si tienes un filtro selectivo.

Nassim Taleb afirma lo siguiente: «Eres rico si el dinero que rechazas sabe mejor que el dinero que aceptas». Conclusión: estás gastando con inteligencia si las compras que rechazas te dejan mejor sabor de boca que las que haces. Cuanto más puedas decir

«Probé a comprar esto o lo otro, pero a mí no me funcionó», más sabrás que estás en la senda correcta.

4. Probar cosas nuevas genera variedad en la vida, lo cual ya es un valor en sí mismo.

Es bien conocida la idea de que el tiempo parece acelerarse a medida que te haces mayor. Las vacaciones de verano parecen una eternidad cuando tienes nueve años, pero la sexta década puede pasarte volando.

Una teoría que explica por qué eso ocurre es que la percepción del tiempo depende de la cantidad de recuerdos nuevos y sorprendentes que se crean en un determinado período. La monotonía de ir y volver del trabajo por la misma carretera durante veinte años pasa sin dejar huella. Pero cada día es una sorpresa memorable para un niño que experimenta la primera vez que se va de campamento o a quien le explican lo grande que es el universo.

La monotonía hace que el tiempo se acelere; la variedad lo ralentiza.

Y lo mismo ocurre con el hecho de gastar dinero. Las experiencias y productos nuevos que nunca has probado añaden un nivel de entusiasmo que es difícil de reproducir por ninguna otra vía. Aunque la nueva compra no sea adecuada para ti, el recuerdo y los conocimientos que obtienes probando algo nuevo pueden ser más emocionantes que la monotonía de las mismas experiencias repetidas día tras día y año tras año.

La variedad también te protege de la variabilidad de la vida. Anthony de Mello, siempre sabio, asegura: «Si aprendes a disfrutar del aroma de mil flores, no vas a aferrarte a una ni a sufrir cuando no puedas hacerte con ella».[4]

Y ahora déjame que te hable de dinero y niños.

LO QUE NO SE PUEDE COMPRAR CON DINERO

Una vez, un cura me contó una historia que no voy a olvidar nunca.

El sacerdote se pasó décadas dando la extremaunción en hospitales. Esta es una de esas experiencias que te sitúa en una posición única: te familiarizas con cómo las personas se despiden de sus seres queridos.

Cuando un progenitor se está muriendo, sus hijos suelen acercarse al cura con un sentimiento de desesperación. ¿Cómo me despido de una persona que ha sido tan fundamental en mi vida? ¿Cómo puedo decirle lo mucho que ha significado para mí?

El consejo del sacerdote a esos hijos es que entren en la habitación, cada uno por separado, y le den las gracias a su padre o madre moribundos por la cosa por la que le estén más agradecidos.

«En las familias que sé que han tenido muchos problemas (relaciones tensas), el hijo a menudo da las gracias al progenitor por algo que cuesta dinero —me contó el cura—. Gracias por pagarme la universidad. Gracias por poner comida en la mesa. Gracias por comprarme un coche.

»En las mejores familias, aquellas que sé que han tenido unas relaciones sólidas, los hijos dicen siempre lo mismo: gracias por creer en mí.»

LO QUE QUIEREN TUS HIJOS

Una vez oí la siguiente anécdota.

Un padre jugaba a un juego con su hijo todas las semanas. Le ofrecía una moneda de diez centavos y otra de cinco, y le decía que eligiera una.

El hijo escogía siempre la de cinco.

Una vez, su hermano le dijo que estaba loco, porque la de diez valía más.

—No, porque, si elijo la de diez, quizás papá va a dejar de jugar conmigo a este juego —le respondió él.

Si tienes la suerte de disponer de dinero suficiente para poder gastarte una parte en tus hijos —o tus amigos, tu vecino, tu pareja o quien sea—, recuerda que las personas que te quieren prefieren, casi con total certeza, tu amor y atención antes que tu dinero.

Tu dinero y tus hijos

Valores, trabajo duro, apoyo y lo contrario de ser un mimado.

En una ocasión, John D. Rockefeller —entonces el hombre más rico del mundo— entró en el hotel Waldorf Astoria de Nueva York. Necesitaba una habitación mientras estaban haciendo reformas en su casa.

Le pidió al responsable la habitación más barata disponible. El hombre le dijo:

—Señor Rockefeller, seguro que podemos encontrarle algo mejor. Cuando su hijo se aloja aquí, ocupa la *suite* presidencial.

Rockefeller respondió:

—Sí, pero mi hijo tiene algo que yo nunca he tenido: un padre rico.[1]

Gestionar dinero e hijos es muy complicado. Y este no es un tema que ataña solo a los muy ricos: casi el 60 por ciento de los padres estadounidenses con hijos de entre dieciocho y treinta y cuatro años han ayudado económicamente a sus hijos en el último año.[2] Las familias de clase media tienen que lidiar con pagas semanales, el grado de apoyo financiero que proporcionarán a sus hijos cuando se vayan a la universidad y pequeñas herencias.

No obstante, como suele pasar con el dinero, no se trata de un problema financiero que pueda resolverse con una hoja de cálculo. Es todo psicología, sociología y emociones. El dinero y los hijos, de hecho, tal vez sean el más emocional de todos los problemas financieros: no he conocido nunca a un padre al que no le afecte emocionalmente en absoluto el futuro financiero de sus hijos.

Una de las cuestiones más peligrosas con respecto a la economía personal y los hijos es la manera en que tú, como padre, utilizas el dinero para ayudarlos sin malcriarlos.

Una vez, uno de sus amigos ricos le preguntó a Charlie Munger si dejar a sus hijos una buena cantidad de dinero echaría a perder su ambición y su motivación.

—Por supuesto que sí —respondió Charlie—. Pero tienes que hacerlo de todos modos.

—¿Por qué? —le preguntó el amigo.

—Porque, si no lo haces, te odiarán —concluyó él.

Como muchos de los consejos de Munger, creo que esa interacción está concebida para que sea fácil de recordar.

Pero, a grandes rasgos, tiene razón. Estas son las dos opciones de que disponen los ricos al dar dinero a sus hijos: estropear su ambición con una herencia o arriesgarse a propiciar algún tipo de conflicto familiar negándoles una vida fácil.

Warren Buffett contó una vez que a menudo oía a personas ricas hablar sobre lo peligrosa que era la sociedad del bienestar, pues creaba una generación de parásitos que dependían de cupones para alimentos y prestaciones por desempleo. Y añadió:

[Pero] esas mismas personas dejan a sus hijos un suministro vitalicio de cupones para alimentos, entre otras muchas cosas. En lugar de tener un funcionario que les da una paga, tienen a un administrador de la herencia. Y, en lugar de tener cupones para alimentos, tienen acciones y bonos que dan dividendos.[3]

Por supuesto que hay excepciones. Pero la mayoría de las excepciones —hijos ricos que heredan dinero sin que eso afecte su ambición— se deben a que esos hijos son especiales, no a que los padres hayan necesariamente tomado una decisión inteligente. Si Bill Gates hubiera heredado 1000 millones de dólares a los dieciocho años, eso no habría detenido su ambición. Y lo mismo con Steve Jobs y Elon Musk. A Mark Zuckerberg le ofrecieron 1000 millones de dólares en efectivo por Facebook cuando tenía veintidós años y ni se inmutó. Ni siquiera se lo pensó.

Pero estas personas son *rara avis*. La mayoría de la gente necesita la motivación del miedo a fracasar.

Mi amigo Chris Davis se crio en un hogar rico —su abuelo es el legendario inversor Shelby Davis, que convirtió 50 000 dólares en casi 1000 millones— y le dijeron, cuando era joven, que no vería ni un centavo porque su familia no quería robarle la oportunidad de triunfar por su cuenta.

Ahora Chris dice bromeando: «Ya podrían habérmela robado *solo un poco*».

Nunca es fácil.

Un matiz respecto a esto es que es peligroso para ti, como padre, llevar un estilo de vida determinado mientras exiges a tus hijos que lleven otro distinto, más modesto. Como progenitor, quizás tengas buenas intenciones por querer hacer que tus hijos vivan una existencia comparativamente humilde: para enseñarles qué son la virtud, el esfuerzo y el respeto. Sin embargo, te arriesgas a enseñarles algo completamente distinto: el resentimiento.

Pongamos un ejemplo extremo: si vuelas en primera clase mientras haces que tus hijos vuelen en turista, el mensaje que quieres mandarles es «Esfuérzate tanto como yo y tal vez consigas esto algún día». Pero el mensaje que pueden oír ellos es «Yo soy más digno que tú y me gusta verte sentir vergüenza».

En una ocasión, Cornelius Vanderbilt exigió a su hijo Billy que dejase de fumar. «Tus deseos son órdenes», le dijo Billy mientras tiraba el puro al mar. Entonces Cornelius se sacó un puro del bolsillo, lo encendió, le dio una calada y echó el humo a la cara de Billy.[4] Te puedes reír, pero se dan gestos de poder parecidos cuando los padres intentan enseñar a sus hijos qué son el esfuerzo y la austeridad sin practicar ellos mismos estos valores.

Un buen amigo cuenta la historia de que, cuando iba de vacaciones a la nieve con su familia, su abuelo decía: «Si queréis que os compre un billete para el telesilla, primero tenéis que subir andando la montaña una vez». La lección que los niños aprendieron de la experiencia no fue la importancia del esfuerzo y la virtud. Fue que su abuelo era «un capullo». Puedes causar tanto daño intentando inculcar dignidad a tus hijos como consintiéndolos un montón.

Cada familia encuentra su propia vía. Pero todo lo que he visto me dice que, cuando los hijos son jóvenes y viven con sus padres, los progenitores y los hijos tienen que llevar el mismo estilo de vida material. Así que tú, el padre, debes elegir ese estilo de vida con cuidado. «Tú no te has ganado lo que me he ganado yo» puede ser un mensaje menos eficaz que «Déjame enseñarte el valor del trabajo duro haciéndolo juntos». Predicar con el ejemplo, en lugar de humillar.

Otro punto importante al escoger tu estilo de vida con cuidado es el nivel al que tú, como progenitor, pones las expectativas de tus hijos respecto al estilo de vida cuando sean jóvenes.

Si tienes la suerte de disponer de ciertos ingresos que te sobran y, pongamos por caso, te compras un coche lujoso cuando tienes hijos pequeños, pero luego tus hijos deciden hacerse educadores de una guardería y solo pueden permitirse un coche modesto, ¿se sentirán avergonzados? ¿Como si hubieran fracasado en comparación con sus padres? ¿Elegirán, de hecho, una carrera profesional que no les guste pero que esté bien pagada porque sienten la presión de llevar, por lo menos, un estilo de vida al nivel de aquel en que se criaron? ¿Mi deseo de dar a mis hijos una buena vida material hoy los conducirá a la decepción en un futuro si no pueden permitirse el mismo estilo de vida que tuvieron de niños?

El crecimiento generacional —el sentimiento de que has alcanzado o superado el nivel de vida que construyeron tus padres— es una parte importante del bienestar de la mayoría de la gente. La autora Jennifer Breheny Wallace escribe: «El vínculo padre-hijo es la relación más importante para la salud mental de un niño. Cuando un hijo no puede alcanzar las altas expectativas de un progenitor, ese vínculo se pone en peligro».[5]

Encuentra tu propia vía —yo no te juzgo—, pero ten en cuenta estos argumentos y elige con cuidado tu estilo de vida.

Una vez que tus descendientes sean mayores, tengan estabilidad y se valgan por sí solos, mis filosofías sobre la gestión de los hijos y el dinero se adaptan.

Cuando sean mayores, mi intención es utilizar el dinero como una red de seguridad de último recurso para mis propios hijos, pero nunca como combustible. Una parte importante del éxito en la vida es aprender cómo fracasar sin llegar a fracasar con tal dureza que uno no pueda recuperarse. Quiero impedir un hundimiento. Sin embargo, nunca es conveniente utilizar el dinero como una muleta para que los vástagos eviten aprender —por su cuenta— los valores del trabajo duro, la dignidad y la gestión del fracaso.

Aquí se ve cómo lo expresé en una carta para mis hijos:

Esto puede sonar fuerte, pero espero que en algún momento de la vida seáis pobres. No que paséis hambre ni que seáis infelices, claro que no. Pero es imposible aprender el valor del dinero sin sentir la potencia de su escasez.

Vuestros padres trabajarán duro para respaldaros económicamente y abriros las puertas de las oportunidades. Pero no vamos a mimaros. Nuestra intención no es ser malvados. Aprender que no podéis tener todo lo que queráis es la única forma de entender la diferencia entre una necesidad y un deseo. Eso os enseñará cómo hacer un presupuesto, cómo ahorrar y cómo valorar lo que ya tenéis. Aprender a ser austeros sin que eso duela es una aptitud esencial que os será útil durante los inevitables altibajos que os deparará la vida.

El autor Rob Henderson plantea una idea relacionada con esto que se me quedó grabada. Un objetivo noble como padre no debería ser criar hijos exitosos; el éxito debería ser una consecuencia de criar hijos que se sientan lo bastante seguros de sí mismos para alcanzarlo por su cuenta. Escribe Henderson:

> He llegado a la conclusión de que la movilidad social ascendente no debería ser nuestra prioridad como sociedad. El ascenso social debería ser, por el contrario, el efecto secundario de cosas mucho más importantes: familia, estabilidad y seguridad emocional para los niños.[6]

Yo les digo a mis hijos que el éxito auténtico es que las personas que quieres que te quieran, en efecto, te quieran. Y ese amor procede en su inmensa mayoría de cómo tratas a los demás, y no de lo que gastas o de un determinado patrimonio neto. El consejo financiero más importante que puedo dar a mis hijos es que el dinero por sí solo no les proporcionará lo que ellos y casi todo el mundo más quieren en la vida. No hay cantidad de dinero que pueda compensar la falta de personalidad, honestidad y empatía genuina para con los demás.

Cuando lo pienso de esta forma, es muy obvio lo que quiero enseñarles: la personalidad, la psicología y la actitud necesarias para ser unos trabajadores seguros de sí mismos, unos amigos en quienes se pueda confiar y unos buenos ciudadanos, lo que a su vez los ayudará a prosperar desde un punto de vista financiero.

———

A continuación, algunas ideas más sobre el dinero y los hijos que siempre me han parecido importantes:

1. **Warren Buffett dice que está bien tener personas en tu vida a quienes no quieres decepcionar.**

Quizás tener hijos sea el mejor ejemplo de eso.

Es habitual que los padres se pregunten cómo su dinero va a influir en sus descendientes, pero la pregunta inversa a menudo es igual de significativa. ¿Cómo influyen tus hijos en tus decisiones económicas?

El asesor financiero Carl Richards asegura que el objetivo de un buen asesor financiero es «crear un espacio entre tú y la estupidez», para protegerte de tus peores impulsos. Tener hijos a quienes no quieres decepcionar puede desempeñar la misma función de una forma muy poderosa.

Lo que nos lleva al siguiente punto.

2. **Tus hijos están prestando atención.**

Siempre, todo el rato. Tanto si te das cuenta como si no. Si los padres son malcriados y materialistas, los hijos tam-

bién lo serán. Si los padres son trabajadores y tienen buenos valores, fíjate en lo que pasa con sus hijos.

Hay varios estudios en que se demuestra que los vástagos
heredan la mayor parte de las opiniones políticas de sus padres.
En un estudio del Pew Research Center se llegó a la conclusión
de que ocho de cada diez padres con tendencias republicanas
tenían adolescentes que se identificaban como republicanos; en
el caso de las familias demócratas, la proporción era de nueve
sobre diez.[7]

Lo que me parece extraordinario de estas cifras es que la
mayoría de los padres no mantienen de forma deliberada una
conversación con sus hijos para explicarles por qué un partido
político es mejor que otro. No hay casi nunca un discurso deta-
llado y explícito de los pros y contras, con réplicas y refutaciones.
Pero, aun así, los hijos heredan las opiniones de los padres porque siempre están prestando atención. Captan los comentarios
dichos de paso, las muecas al escuchar las noticias, la manera en
que el progenitor responde a unas elecciones o a la opinión de un
vecino. Con el tiempo, mediante la acumulación de miles de su-
tiles pistas —pocas de las cuales el padre pretendió que fuesen
explícitas— el niño desarrolla lo que se convierte en unas opiniones políticas firmes.

Pues con el dinero puede ocurrir algo muy similar.

No hace falta que tengas una charla con tus hijos en la
mesa del comedor y les expliques tus valores monetarios. Ellos
ya los saben. Desde pequeños, han captado cada vez que has
dicho «No podemos permitirnos esto» o «Me encanta haber
comprado esto». Ven lo que valoras. Observan lo que desperdi-
cias. Han tomado nota mentalmente de lo contento que estabas
cuando llegaste a casa y anunciaste que te habían subido el sueldo o lo asustado que se te veía cuando te despidieron. Cuando
te dio envidia el coche nuevo del vecino, se dieron cuenta. Te

han oído a ti y a tu pareja discutir por decisiones de gasto. Cuando has sido avaricioso, lo han percibido. Cuando has sido austero, también.

Han prestado atención a todo ello. Y, cuando lleguen a la edad adulta, todo eso se habrá acumulado hasta provocar un profundo efecto en lo que piensan sobre el dinero.

3. ¿A qué quieres que presten atención?

Cuando te das cuenta de que los hijos siempre están prestando atención, ves que cada momento es una oportunidad para predicar con el ejemplo.

Yo quiero enseñarles a mis hijos que el dinero puede utilizarse como una herramienta para vivir una vida mejor. No quiero agobiarlos —o, menos todavía, envenenarlos— con muestras de inseguridad y codicia.

Quiero enseñarles, con el ejemplo, que cuando has cubierto lo básico con respecto a familia, salud y amigos, sientes un menor deseo de utilizar tu dinero para presumir ante los desconocidos.

Quiero enseñarles, con el ejemplo, que ninguna cantidad de dinero que tengas ni ningún objeto material que poseas va a hacer que les caigas bien a los demás si eres un imbécil, careces de empatía o te sientes superior a las personas que no han tenido tanta suerte como tú.

Quiero enseñarles, con el ejemplo, que la mayor utilidad del dinero es que te permite controlar tu tiempo, con lo cual puedes tener libertad e independencia y vivir de la forma que escojas.

4. Recuerda por qué te van a recordar.

Una vez le preguntaron a Jonas Salk, el inventor de la vacuna contra la polio, cuál era su principal objetivo en la vida.

«Ser un buen antepasado», respondió él.

Qué objetivo tan maravilloso para cualquier padre o madre. Dejar a tus hijos, nietos y futuras generaciones el conocimiento de cómo funciona el mundo, la sabiduría para saber lo que importa, la independencia para que tomen sus propias decisiones, la seguridad en sí mismos para asumir riesgos, la prudencia para pensar a largo plazo y los valores para saber cómo ellos también pueden convertirse en unos buenos antepasados.

¿En qué medida ser un buen antepasado tiene que ver con el dinero? ¿Hay que comprarles cosas bonitas a los hijos? ¿O dejarles una herencia?

A menudo es tan poquito...

Es fácil que los padres piensen que gastar dinero en sus hijos hará que su vida sea mejor. Pero ese pensamiento puede ser una muleta. Con frecuencia es una excusa para no tener que enseñarles algunas de las lecciones de vida más significativas y duraderas, o para no estar ahí cuando lo necesiten, o para no demostrarles que los quieren de formas distintas.

Quizás los hijos quieran dinero, pero lo que van a terminar valorando —y por ello te recordarán— son los valores que no pueden comprarse con él.

A las hojas de cálculo les dan igual tus sentimientos

Cuando las emociones dan una percepción más clara que las cifras.

Mi esposa y yo estamos orgullosos de tomar decisiones financieras sin dejarnos llevar por las emociones. Pero hace unos diez años estábamos buscando nuestra primera casa. Encontramos una por internet que nos gustó y, mientras nos encaminábamos a visitarla, nos prometimos que no actuaríamos por impulso: solo íbamos a recabar información.

Sin embargo, al aparcar en la entrada, mi mujer dijo con un grito ahogado «¡Me encanta!», y yo también. Teníamos un hijo pequeño —el primero— y había un columpio colgado de un árbol en el jardín delantero. Perfecto.

Y eso fue todo. Intervinieron las emociones y no pudimos hacer nada al respecto.

En un mundo ideal, la decisión de comprar una casa consistiría en un análisis reposado sobre una hoja de cálculo. Pero en la realidad visitas una casa en venta y te imaginas dónde pondrías los muebles. Te imaginas unas Navidades abriendo regalos con tus hijos y sueñas con organizar barbacoas con tus amigos.

La noche antes de que aceptasen nuestra oferta, le pregunté a mi esposa cómo se sentiría si no conseguíamos la casa. «Me dejaría destrozada», me confesó. Yo me hubiese sentido igual. Sé que esa es una forma pésima de reflexionar sobre la decisión financiera más importante de nuestra vida, pero esa fue la realidad del momento. Es la realidad de lo que hace casi todo el mundo. Nadie se plantea comprar una casa de la misma forma que si se comprase una tostadora.

No tenemos ningún remordimiento: en efecto, la casa era fantástica. Pero nadie debería fingir que pueden tomarse decisiones que van a transformarte la vida y que van a tener un impacto inmenso en ti y tu familia tratándolas como un problema matemático que puede resolverse en una hoja de cálculo. A las hojas de cálculo les dan igual tus sentimientos. Pero a veces esos sentimientos son el factor más relevante de una gran decisión financiera.

Respecto a eso, lo importante es darse cuenta de que no todas las decisiones financieras emocionales son temerarias. Muchas tienen una gran importancia. Jason Zweig, del *Wall Street Journal*, escribió esto cuando su madre vendió la casa donde había vivido durante muchos años:

> «No tengo ningún apego emocional a esta casa; nunca me ha gustado físicamente —nos dijo mamá—. Pero todo lo importante que ha ocurrido en nuestra vida como familia está aquí, y no puedo dejar atrás todo eso.»[1]

Si yo te preguntase «¿Cuánto valen los recuerdos con tus hijos?», dirías que es imposible dar una cifra en dólares. Pero si te dijera «¿Cuál es el valor justo de mercado de la casa en la que creaste recuerdos con tus hijos?», es probable que me dieras una cifra con facilidad.

Entender la diferencia entre estos dos conceptos explica, en parte, muchas decisiones de gasto.

¿Quién crees que encuentra una mejor pareja: la persona que elabora una hoja de cálculo con las características que exige y solo se plantea estar con alguien que cumpla todos los requisitos o la persona que encuentra una pareja de manera fortuita y sabe en sus adentros que de algún modo parece haber química entre los dos?

En verdad, es probable que las mejores decisiones tengan lugar en la intersección de los dos polos: cabeza y corazón. El punto justo con el dinero lo alcanza la persona cuya motivación deriva a partes iguales del cálculo racional y el gozo emocional. Es conveniente que seamos responsables con las cifras, pero también que sepamos cómo hacer que las cifras encajen en nuestra alma.

No obstante, puesto que el dinero parece ser un ámbito basado en las matemáticas, muchas personas se tropiezan al ver los problemas financieros solo desde la óptica de lo que es racional, eficaz y metódico.

A Louis Armstrong, el mejor músico de *jazz* de todos los tiempos, una vez le preguntaron qué define la buena música. «Si suena bien, no te preocupes por lo que es —replicó él—. Tú disfrútala y punto. Cualquier cosa con la que puedas seguir el compás dando golpecitos con el pie es buena música.»[2]

Pues muchas cosas siguen esta lógica.

¿Cómo encuentras música que te gusta? ¿O platos que te encantan? ¿Cómo valoras los recuerdos que generarás en una casa que adoras?

No consultas la parte racional de tu cerebro. La parte subjetiva y emocional no solo es la que tiene el control, sino que *debería* tenerlo. Sabe lo que quieres mejor que cualquier hoja de cálculo.

Creo, de hecho, que gestionar el dinero se vuelve más sencillo cuando uno comprende lo emocional que puede ser la tarea. En lugar de verlo como un problema matemático que hay que resolver, lo abordas como un problema emocional que hay que satisfacer, dentro de algunos límites presupuestarios.

Y sobre esos límites hablaremos un poco más en el siguiente capítulo.

Los detalles

La sensatez, y la futilidad, de obsesionarse
por pequeñas compras.

El autor Rory Sutherland escribe: «Lo contrario de una buena idea también puede ser una buena idea».[1]

Con esto presente, hablemos de la cuestión de obsesionarse por pequeños gastos en tu presupuesto. Quiero convencerte de que hacerlo puede ser transformador y, al mismo tiempo, una absoluta pérdida de tiempo.

El expresidente Calvin Coolidge tenía la mala fama de ser muy austero. Al asumir el mando de un presupuesto federal que durante esa legislatura alcanzó los 21 000 millones de dólares, el equipo de Coolidge envió una nota a todos los trabajadores del Departamento de Agricultura que decía lo siguiente:

> La correspondencia del Gobierno cuesta 26 centavos *por carta*. Contribuyan a reducir los costes. Escriban menos cartas. Escriban cartas más breves.[2]

Para hacer que la escritura de cartas fuera aún más escasa, la política oficial de Coolidge fue que a cada funcionario se le entregase un lápiz y que, si el lápiz no se utilizaba hasta la goma de borrar, había que devolverlo al Gobierno para que se siguiera usando.

¿Te parece absurdo? Pues bien, ten en cuenta que en 1925 el Gobierno federal contaba con unos 585 000 trabajadores. Si cada uno escribía cinco cartas al día —recuerda que eso era antes del correo electrónico y solo en la primera fase del uso generalizado del teléfono—, una carta de 0,26 dólares le costaba al Gobierno más de 197 millones de dólares al año. Eso era durante una época en que el gasto público total era de unos 2800 millones de dólares anuales.

Lo que supone que casi un 7 por ciento del gasto público se destinaba a cartas.

Déjame que te ponga en contexto: en 2023, el Gobierno federal destinó alrededor de un 10 por ciento de su presupuesto a devolver intereses de la deuda pública.

No son, pues, cifras bajas. Coolidge no era idiota.

El autor Kevin Kelly propone lo siguiente: «Presta atención a las cosas pequeñas. Las ampollas vencen a más personas que las montañas».

Déjame que te ponga un ejemplo más disparatado.

En una ocasión, John D. Rockefeller habló con el experto residente de la planta sobre cómo se soldaban las tapas a los bidones de petróleo.

—¿Cuántas gotas de soldadura utiliza usted para cada bidón?

—Cuarenta —respondió el hombre.

—¿Ha probado alguna vez con treinta y ocho? —preguntó Rockefeller—. ¿No? ¿Le importaría sellar algunas con treinta y ocho y me cuenta cómo sale el resultado?

Treinta y ocho gotas no era suficiente: los bidones tenían pérdidas. Pero treinta y nueve parecía funcionar bien. Y se convirtió en la nueva norma. Una gota menos que el estándar original de cuarenta gotas.

«Esa gota de soldadura —dijo más adelante Rockefeller— permitió ahorrar 2500 dólares el primer año; pero el negocio de exportación siguió incrementándose después de eso y se dobló, se cuadruplicó: aumentó muchísimo más de lo que era entonces; y el ahorro también ha seguido subiendo, una gota por cada bidón, y ha supuesto desde entonces muchos cientos de miles de dólares.»[3]

Esto representa unos 20 millones de dólares actuales.

Lo que quiero decir es que pequeños cambios a gran escala producen unos efectos inmensos.

Es habitual encontrar a alguien que compró su casa, pongamos, en 1974 por unos 60 000 dólares. Hoy en día esa vivienda tal vez valga 350 000 dólares. Sin duda, los propietarios tienen la sensación de que han hecho una inversión rentable.

Pero esas cifras equivalen a un rendimiento anual medio de un 3,75 por ciento. Los impuestos sobre los inmuebles suelen ser, en promedio, de cerca de un 1 por ciento, con lo cual eso sitúa nuestro rendimiento real en un 2,75 por ciento anual. El mantenimiento y las reparaciones varían mucho, pero es previsible dedicar entre un 1 y un 3 por ciento del valor de tu casa por año a su conservación.

¿Cómo es, entonces, nuestro rendimiento a largo plazo? Pues no muy esplendoroso.

Los gastos pequeños y fáciles de ignorar se acumulan y con el tiempo acaban siendo tan destacados que superan los costes grandes y obvios a los que prestamos la mayor atención.

El precio es fácil de calcular. Es sencillamente lo que pagaste al inicio por algo y la cantidad por la que vendiste esa cosa al final. El coste es más difícil de determinar, porque suele ser un goteo lento a lo largo del tiempo, lo cual es fácil de ignorar pero se acumula deprisa. Lo mismo vale para los coches, las barcas y los pasatiempos. Podemos decir incluso que el coste de fumar es el precio de un paquete más el coste a largo plazo de la atención médica asociada con ese hábito. Lo primero es fácil de calcular, lo segundo es muy difícil.

Una vez oí esta anécdota. Un hombre se da cuenta de que su compañera de trabajo se está tomando un café con leche. Y le pregunta:

—¿Con qué frecuencia te tomas un café con leche?

—Todos los días —responde la compañera.

—¡Anda! ¡Todos los días durante treinta años de carrera profesional! —se sorprende el hombre—. ¡Eso es muchísimo dinero! Un café con leche al día significa que te gastas unos 1900 dólares al año. Si invirtieses ese dinero a un rendimiento de un 8 por ciento, tendrías 250 000 dólares. Con eso podrías comprarte un Ferrari.

La compañera se queda perpleja.

—¿Tú también tomas café con leche? —le pregunta al hombre.

—No.

—Pues ¿dónde está tu Ferrari?

A ver, entiéndeme, si te gusta el café con leche, tómate los que quieras durante el día. Lo que quiero decir es que casi todo el mundo tiene pequeños gastos que podrían haber sumado una fortuna si se les hubiese prestado más atención. Y se les podría haber prestado más atención con muy poco esfuerzo: unos dólares por aquí, unos dólares por allí. La gente dedica un esfuerzo enorme a mejorar el rendimiento de sus inversiones porque sabe que, si uno puede mejorar su rendimiento anual siquiera un 0,1 por ciento por año, eso puede suponer una fortuna gracias al efecto del interés compuesto a lo largo del tiempo. No obstante, cuando pensamos en los pequeños gastos —cartas, soldadura o cafés con leche—, esa lógica es más difícil de comprender.

Warren Buffett estaba tan obsesionado con el interés compuesto a una edad temprana que calculaba los gastos corrientes pensando en la cantidad que valdrían en el futuro si invertía ese dinero y lo dejaba crecer. Un corte de pelo, en su mente, costaba

30 000 dólares: lo que valdrían esos pocos dólares en el futuro gracias al interés compuesto. Un traje caro costaba millones en rendimientos de inversión futuros que dejaría de ganar. Un lavado del coche no merecía la pena según esta lógica; quitar un poco de barro costaría decenas de miles de dólares en riqueza futura. «No tengo claro que quiera fundirme 500 000 dólares de esta forma»,[4] les decía Buffett a sus amigos al plantearse si tenía que gastarse algo de dinero.

Chris Davis cuenta la anécdota de que, estando en Nueva York de pequeño, le pidió a su abuelo un perrito caliente de 1 dólar. Su abuelo le dijo que, si podía obtener los mismos rendimientos de inversión que él había obtenido a lo largo de su vida, ese perrito caliente de 1 dólar en realidad costaba 1000 dólares. (Hace poco, Chris hizo el cálculo real y descubrió que su abuelo no exageraba; Shelby Davis hizo aumentar sus activos muchos cientos de veces durante su vida.)[5]

Este comportamiento tal vez te parezca de tacaño. Yo no se lo recomendaría a la gente corriente (come si tienes hambre y córtate el pelo si lo crees conveniente).

Lo que quiero decir es que, cuando entiendes lo deprisa que los pequeños gastos se acumulan y te hacen dejar de ganar unos enormes rendimientos, ves el mundo de otra forma. Te das cuenta de que crear una fortuna a largo plazo no tiene tanto que ver con tomar grandes decisiones brillantes como con tomar pequeñas decisiones sistemáticas que se acumulen durante un largo período.

Y ahora déjame presentarte la postura contraria, que espero que te parezca igual de convincente.

———————

Hay una máxima que me encanta: ahorra un poco de dinero cada mes y al final del año te sorprenderá lo poco que te queda.

El historiador Cyril Northcote Parkinson acuñó un concepto denominado ley de la trivialidad de Parkinson. Y establece lo siguiente: «La atención que se dedica a un problema es inversamente proporcional a su importancia».

Parkinson describió una comisión de finanzas ficticia con tres tareas encomendadas: la aprobación de un reactor nuclear de 10 millones de dólares, de una dotación de 400 dólares con el fin de construir un cobertizo para las bicis de los empleados y de 20 dólares destinados a comprar productos de refrigerio para la sala de descanso.

La comisión aprueba de inmediato el reactor nuclear de 10 millones porque la cifra es demasiado grande para contextualizarla, es desalentador plantearse alternativas y ningún miembro de la comisión es experto en energía nuclear.

El cobertizo para las bicis genera bastante más debate. Los miembros de la comisión discuten si sería suficiente un aparcabicis y si el cobertizo debería ser de madera o aluminio, porque tienen cierta experiencia trabajando con esos materiales en sus casas.

Los refrigerios de los empleados acaparan dos tercios del debate, porque todo el mundo tiene una opinión fundada sobre cuál es el mejor café, las mejores galletas, las mejores patatas fritas, etcétera.

Muchos hogares operan de esta misma forma.

El autor Ramit Sethi dice que demasiadas personas se hacen preguntas de 3 dólares (¿Puedo permitirme este café con leche?) cuando lo único que importa para el éxito financiero son las preguntas de 30 000 dólares (¿En qué universidad debería estudiar?).

El ejemplo del café con leche que he utilizado más arriba a menudo vuelve locos a los asesores financieros, porque ven cómo la gente se pregunta si debería recortar los cafés con leche de su presupuesto cuando esas mismas personas van a universidades que no pueden permitirse, se compran coches que no pueden permitirse y viven en casas que no pueden permitirse. Se obsesionan por problemas de 3 dólares mientras los problemas de 300 000 dólares reciben mucha menos atención.

La atención que se dedica a un problema es inversamente proporcional a su importancia.

Pienso que eso se debe, en parte, a que centrarse en elementos de bajo presupuesto te da la sensación de que estás siendo responsable, tomas medidas y haces progresos, lo que facilita que ignores los grandes dilemas. Las personas pueden reconocer cuándo están actuando sin conciencia, sin prestar atención alguna a un problema. Pero, cuando dices «Mírame, aquí estoy, recortando cafés con leche de mi presupuesto como un ahorrador responsable», es más difícil darte cuenta de que estás siendo irresponsable con compras mucho más grandes.

Para la enorme mayoría de las personas, unos pocos conceptos del presupuesto representan la mayor parte de los gastos:

- La universidad
- La vivienda
- El coche
- El seguro médico
- La crianza de los hijos

Eso es. Esto es lo que debería acaparar toda tu atención. Lo demás es un error de redondeo.

Si uno presta atención a los pequeños gastos, puede obtener una fortuna gracias al potencial de la acumulación. Asimismo, esos gastos pueden desviar tu atención de problemas mucho mayores.

No creo que estas dos ideas sean contradictorias. Recuerda: lo contrario de una buena idea también puede ser una buena idea. Tienen la misma importancia.

Para que te vaya bien en cuestiones monetarias, debes entender que el buen comportamiento se basa en una estrategia de extremos.

Ahorra como un pesimista e invierte como un optimista.

Piensa que puede pasar lo peor, pero ten la esperanza de que va a pasar lo mejor.

Vive al día, pero prepárate para el futuro.

Y déjame que te presente otra reflexión: es casi imposible crear riqueza sin controlar tus mayores gastos. Y es muy difícil hacer crecer la riqueza sin preocuparte de los gastos más pequeños.

Y ahora hablemos de la avaricia y el miedo.

El ciclo de vida de la avaricia y el miedo

Empieza de forma inocente, se vuelve una locura y termina justo donde empezaste.

A algunos los aplasta de inmediato bajo sus pies crueles;

a otros los condena a un destino parecido al de los galeotes;

a algunos los favorece y mima hasta elevarlos a las burbujas de la fortuna;

y luego, con una repentina exhalación, hace estallar esas burbujas y se ríe

burlona mientras los ve caer.

JAMES WELDON JOHNSON sobre la ciudad de Nueva York[1]

La avaricia y el miedo controlan muchas cosas en la vida.

Así es como lo veo yo. Da igual el éxito que uno haya conseguido: la tentación de alcanzar una cantidad excesiva siempre puede arruinarlo. Y, por más apetecible que sea una oportunidad, nunca va a lograr atraer a alguien que se niega a mirar.

Estas dos inocentes emociones son el origen de la mayoría de los errores, remordimientos y bochornos monetarios.

La avaricia y el miedo están por todas partes en los asuntos de dinero, y no solo influyen en cómo invertimos o en los auges y crisis de los mercados. También pueden ser un factor fundamental al gastárnoslo.

Gastar dinero suele requerir optimismo; ahorrar suele requerir pesimismo. A un determinado nivel, ambas emociones no solo son aceptables, sino necesarias y útiles. A otro nivel, son contraproducentes y se convierten en lastres peligrosos. A menudo solo sabes cuándo te has pasado de la raya cuando ya es demasiado tarde. Así pues, el éxito en la vida consiste, en buena medida, en encontrar el delicado equilibrio entre el instante en que el optimismo se convierte en avaricia y el instante en que el pesimismo se convierte en miedo.

Y la avaricia y el miedo son sigilosos. Caen en sus garras personas con las mejores intenciones y con una firme moral. Aunque podrías pensar que son conceptos opuestos, su origen es el mismo. Existe un ciclo natural que hace que el optimismo inocente evolucione hasta convertirse en avaricia, que se convierte en negación, luego en confusión y al fin en miedo. A menudo te devuelve adonde habías empezado, pero la lección que crees haber aprendido al experimentar miedo determina tu próxima cita con la avaricia.

Para entender lo poderosas y peligrosas que pueden ser estas dos emociones, hay que comprender primero el ciclo que las provoca.

Y eso es lo que voy a explicarte a continuación.

————————

Toda avaricia empieza con la idea más inocente: que mereces tener razón.

Las decisiones que has tomado en el pasado, las decisiones que tomarás en el futuro, la visión del mundo que tienes hoy en día. Es difícil despertarte por la mañana y mirarte en el espejo sin contarte a ti mismo que has tomado buenas decisiones en el pasado y que seguirás tomando buenas decisiones en el futuro. No se haría nada si las personas dudasen de sí mismas todo el día. Esto ocurre sobre todo si uno ha tenido éxito en los estudios y el trabajo.

Y *mereces* tener razón porque has dedicado muchos esfuerzos a desarrollar tus opiniones y decisiones.

Tal vez estudiaste durante muchos años. Aprobaste exámenes complicados. Lidiaste con abusones. Completaste tareas intelectuales complejas y le echaste muchas horas. Nadie quiere que le digan que, a pesar de todos esos esfuerzos, no merece tener razón.

Y decir que mereces tener razón significa que deberían recompensarte por tenerla. Esfuerzo equivale a recompensa. Así es como funciona el mundo, ¿no?

Si tienes puntos de vista precisos, tomarás buenas decisiones, y esas decisiones serán recompensadas por tus iguales con admiración, por tus jefes con aumentos de sueldo y por tu cuerpo con salud.

Esta idea es muy tentadora y atractiva.

Es difícil soportar la vida admitiendo que no sabes cómo funciona el mundo. Por eso casi nadie lo hace. Nos contamos a nosotros mismos que nuestras opiniones son correctas y que los puntos de vista correctos van a tener recompensa.

La convicción de que tus opiniones —sean las que sean— son correctas, que mereces tener razón porque has dedicado muchos esfuerzos a formarte esos puntos de vista y que el mundo va a recompensar los puntos de vista correctos, es una idea muy habitual... e inocente.

Y ahí es donde las cosas empiezan a complicarse.

Cuando se te recompensa por tener razón, dentro de tu cabeza se abre una puerta que invita a entrar al engaño.

El reconocimiento es placentero. La atención es placentera. Las recompensas son placenteras. Son adictivas. Y eso nos lleva de vuelta a la primera idea inocente: las personas quieren sentir que tienen razón, que lo están haciendo bien y que se les debe algo por sus esfuerzos.

En un mundo racional, intentaríamos calcular qué porcentaje de lo que hicimos influyó en la recompensa que recibimos.

Reconoceríamos que, si tú hiciste eso y luego ocurrió aquello, hay un millón de variables más que escapan a tu control que también podrían haber influido en el resultado.

Sin embargo, esta no es la manera natural de pensar.

La suposición por defecto cuando recibes una recompensa por hacer algo es que el hecho de que tú hicieras eso fue la causa de que aquello ocurriera. Si buscas una respuesta a por qué aquello ocurrió, ese es el camino más fácil.

Porque, a fin de cuentas, tus puntos de vista son correctos y merecen ser recompensados. Así pues, por supuesto que la recompensa es consecuencia de aquello que has hecho.

Y los demás lo creen tanto como tú.

Los demás te ven conseguir una recompensa y —puesto que imaginan cómo se sentirían si la consiguieran ellos—, se entusiasman con tu logro. Elogios. Atención. Admiración. Y sí, celos y envidia. A ti todo eso te hace sentir bien, y refuerza la idea de que se te ha recompensado porque tus puntos de vista y tus acciones eran correctos.

Y quieres más.

El éxito favorece que digamos: «Como he tenido razón en ocasiones anteriores, ahora voy a redoblar la apuesta».

No es una idea disparatada. En parte es un análisis razonable; has tanteado el terreno y se ha demostrado que tenías razón, con lo cual ahora avanzas con firmeza. Y en parte es comparación social; el entusiasmo que sentiste al tener un poco la razón se ha desvanecido. Ahora quieres tener más razón.

Esta es una parte esencial de la avaricia: las personas justifican sus actos, aunque en retrospectiva esos actos fueran claramente excesivos y disparatados. Esto no es lo mismo que saber que tus actos son temerarios y dañinos pero llevarlos a cabo de todos modos, lo que es psicopatía. La forma que suele adoptar la avaricia inocente es extrapolar con entusiasmo lo que funcionó en el pasado.

Te tienta a hacer lo mismo que antes, pero con el doble de ganas.

Quizás tengas el mismo trabajo, pero exiges un sueldo más alto. Tienes las mismas inversiones, pero ahora con apalancamiento. O recibiste cierta atención por tu nuevo coche y, con ansias de más, ahora quieres un reloj nuevo, ropa nueva, joyas nuevas y una casa nueva.

Hacer esto puede estar bien si tus actos influyen de manera directa en los resultados. Si hacer esto provoca aquello.

No obstante, si tus actos previos no son sostenibles, o si infravaloras la medida en que tus resultados previos fueron causados por actos que no podías controlar, entonces redoblar la apuesta por lo que funcionó en el pasado hace aumentar la probabilidad de que no termine bien.

La avaricia entra en juego cuando redoblas la apuesta por actos que en un momento dado funcionaron pero que no son sostenibles, o que te hacen sobrevalorar la influencia de tus actos en los resultados.

Quizás subestimes en qué medida tu éxito pasado se debió a la suerte, a la casualidad o al hecho de estar en el lugar adecuado en el momento adecuado.

Quizás las personas que en el pasado te recompensaron con su atención ya no están.

Quizás hay personas que se entusiasmaron con tu éxito pasado que ahora se hallan cansadísimas de oír hablar de ti.

Tal vez tu jefe, que ha estado dispuesto a recompensarte por tus contribuciones, ahora está harto de que le exijas el enésimo aumento.

Personas que antes te prestaban atención ahora se ríen de ti con disimulo.

Sea por el motivo que sea, a veces el mundo ve tus actos como una provocación, y la realidad asoma la cabeza para recordarte que las cosas son más complicadas de lo que pensabas.

Lo que funcionó en el pasado de repente ya no funciona. Pero, como toda tu estrategia se ha basado en creer que tenías razón, que merecías que te recompensasen por tenerla y estás redoblando la apuesta en lo que antes funcionaba, ahora tienes problemas.

La avaricia máxima es pretender recibir más de lo que mereces teniendo en cuenta lo que has puesto. Y eso es justo lo que ocurre cuando sobrestimas tu capacidad de hacer cosas que conducirán directamente a recompensas.

Aún no lo sabes, pero en ese instante ya están plantadas las semillas del miedo.

La primera reacción al fracaso de la avaricia es verla como una oportunidad, sobre todo cuando no eres consciente de la realidad de tus aptitudes y tus contribuciones.

Cuando la estrategia que antes te recompensaba deja de funcionar, te distancias de quienes van en tu contra y quizás redoblas la apuesta por tus actos una vez más.

Si un novato que nunca ha tenido éxito experimenta una pérdida o un fracaso, es probable que se lo tome como una señal de que es un inepto y no tiene ni idea de lo que está haciendo.

Sin embargo, si piensas equivocadamente que tu aptitud se ha confirmado hasta el punto de que te has vuelto avaricioso, experimentar una pérdida se interpreta a menudo como si el mundo fuera a darte otra oportunidad.

«La empresa me ha denegado el aumento de sueldo, con lo cual ahora puedo encontrar un nuevo trabajo en un sitio donde me aprecien.»

«Mis amigos no valoran mis objetos de lujo, con lo cual voy a encontrar a otras personas que sí los valoren.»

«Ya no me elogias por el coche que tengo, quizás necesito otro mejor.»

Casi nunca vas a detectar esta mentalidad en alguien que no ha experimentado el éxito en la vida. Solo se ve en alguien que está convencido de que sus actos pasados han dado lugar a los resultados que ha obtenido.

Su respuesta suele ser redoblar la apuesta, con más seguridad todavía en sí mismo.

Cuando has sobrevalorado la medida en que tus actos influyen en tus resultados, te pierdes comentarios clave que el mundo intenta darte, con lo cual te mantienes en tus trece en lugar de actualizar tu estrategia. Sigues trabajando duro, lo cual parece un rasgo admirable. Tal vez dedicas más esfuerzos a tu plan, convencido de que dará resultados y te reportará unas recompensas aún mayores cuando por fin se demuestre que tienes razón.

Crees que estás siendo decidido, pero en realidad estás siendo testarudo.

En el budismo hay un concepto denominado mente de principiante, que consiste en tener una actitud activa de apertura para probar nuevas cosas y estudiar nuevas ideas, sin prejuicios previos, como lo haría un principiante. Suponer que eres hábil en algo puede ser el enemigo de la mente de principiante, porque los éxitos pasados reducen el incentivo de explorar otras ideas, sobre todo cuando esas ideas entran en conflicto con tu estrategia probada. Es peligroso. Quedarte encerrado en un único punto de vista es fatal en una economía en la que la regresión a la media y la competencia descalifican constantemente viejas estrategias.

Cuando renuncias a tener una mente flexible, te haces inmune a las críticas. Así pues, ahora estás menos preparado que un principiante, o incluso que alguien que prueba estrategias aleatorias a oscuras.

Ahora se multiplica la probabilidad de que sigas fracasando.

Tras varios fracasos, empiezas a verte como una víctima.

Aún no has admitido la posibilidad de que quizás nunca fuiste tan competente como habías imaginado, ni siquiera delante de ti mismo.

Te da la sensación de que el mundo va en tu contra.

Culpas a tus amigos.

Culpas a tu jefe.

Culpas a los medios de comunicación.

Culpas a los políticos.

Te enfadas con los demás.

Lo que sea, menos mirarte en el espejo.

En ese punto, la avaricia está muerta, pero la negación sobre tus contribuciones y aptitudes está en su punto máximo.

Intentas, entonces, mitigar el riesgo sin abandonar el barco. Reduces tus actos un poco, quizás te disculpas con las personas a las que has ofendido.

No has abandonado la esperanza. Pero reconoces que necesitas un cambio y tienes la seguridad de que puedes recuperar el rumbo.

En este punto, has admitido ante ti mismo que te has involucrado en exceso. Pero aún no has admitido que estabas equivocado. En tu cabeza, el problema es que has insistido demasiado en algo positivo. De hecho, esa cosa aún te parece positiva. Todavía es correcta. Aún merece ser recompensada.

Así que sigues adelante, solo que con un poco menos de entusiasmo que antes.

Sin embargo, no puedes mantener el engaño durante mucho tiempo. Al final, empiezas a renunciar a tus actos.

A veces pasan días hasta que eso sucede, a veces años. Pero sucederá.

Y ese es el punto en el que empiezas a preguntarte si te has perdido algo por el camino.

Aún no te das cuenta de que estabas equivocado. Admitir que lo estabas es *doloroso*. No obstante —quizás—, te das cuenta de que tus puntos de vista eran incompletos.

Entonces las personas empiezan a decir cosas como «Hemos aprendido mucho en este último año» y «Esto ha sido una experiencia de crecimiento».

A veces estas afirmaciones son sinceras y correctas, aunque a menudo son solo una forma sencilla de indicar a los demás que no has perdido del todo el contacto con la realidad. En el fondo, tus puntos de vista nucleares y tu fe en tus capacidades siguen intactos en su mayor parte.

Finalmente, llega un punto en el que es obvio, incluso para ti, que estás equivocado. En privado, ante ti mismo, te preguntas si has errado. En algunas ocasiones admites ante otras personas que sí que lo has hecho.

Para lidiar con el dolor, a menudo recurres a la negación. Cuando algún amigo te pregunta cómo te va todo, tú cambias de tema, casi hasta el punto de negar que hayas estado involucrado en aquello en lo que hace un tiempo lo apostaste todo. «Nunca me importó mucho» o «Siempre representó una pequeña parte de las cosas que me gustan».

La realidad entra en acción enseguida, cuando tus errores te fuerzan a hacer cambios en el estilo de vida. Cuando te ves obligado a vender la casa o el coche, a cancelar unas vacaciones o a trasladarte a unas oficinas más pequeñas, las consecuencias de tu equivocación ya son innegables ante cualquiera que te esté observando.

Ahora te sientes avergonzado.

Y, una vez que te sientes avergonzado, tu capacidad de enfrentar un problema con una mente calmada y racional se enturbia tanto como cuando estabas en el momento de avaricia máxima.

Dudar, aunque sea un poco, de que estabas equivocado ahora desemboca en pánico.

Evitas a personas con las que por lo general hablarías de tus habilidades, lo cual te aísla más todavía de la capacidad de aceptar críticas y conocer mejor el contexto de tu situación. Ahora estás atascado en tu mente, lo que se convierte en un ciclo fatídico de miedo y dudas.

Tu mentalidad cambia: pasa del crecimiento al control de daños. Dejas de pensar en oportunidades y beneficios. Ahora para ti el éxito es dejar de quedar rezagado.

Ahora cualquier cosa que te impida seguir teniendo pérdidas te parece un logro.

Así pues, renuncias a lo que te queda. Abandonas tu carrera profesional. Vendes el coche. Dejas tu empresa. Parece una rendición.

Cuando eras avaricioso, creías que el cien por cien de lo que hacías influía en los resultados positivos que obtenías. Ahora piensas que no puedes hacer nada para que la situación mejore.

Lo duro es que estás tan equivocado ahora como lo estabas entonces. Pero eres tan poco consciente de la realidad como antes.

Empiezas a fijarte en el resto de la gente. Las personas a las que antes mirabas por encima del hombro ahora se encuentran mucho mejor que tú. ¿Qué ha pasado? ¿Por qué no están sufriendo como tú? ¿Acaso saben algo que tú no sabes?

Ese es un nuevo miedo del que preocuparse.

Cuando tenías éxito, la gente observaba lo que hacías e intentaba copiarte. Se preguntaban qué sabías tú que ellos no. No querían perderse las recompensas que tú obtenías.

Ahora el proceso va en la dirección contraria. Empiezas a fijarte en personas a quienes les va mejor que a ti y te preguntas qué saben ellas que tú no.

No obstante, como ahora eres presa del miedo, no buscas oportunidades de remontar. Te preguntas qué otras trampas habrá que las personas más inteligentes que tú han esquivado pero que tú tal vez no has detectado.

Cuando más perjudica el miedo es cuando tu mayor miedo es preguntarte qué otras cosas deberías temer.

Te vuelves tan ciego ante las cosas positivas que podrían ocurrir como lo estabas ante las cosas negativas que podían ocurrir cuando eras avaricioso.

La ironía es que el caos a menudo es el terreno más fértil para las oportunidades y una ocasión para tomar un rumbo distinto. Pero la oportunidad es lo último en lo que estás pensando ahora. Te encuentras centrado en que tu fracaso no vaya a peor.

En algún punto te estabilizas. La gente empieza a perdonarte. El miedo da paso a la aceptación. Encuentras un nuevo ritmo. Has perdido una gran parte de lo que tenías, pero ahora puedes pensar con mayor claridad.

Lo primero que prometes es no volver a cometer el mismo error nunca más.

El dolor por el que pasaste con miedo fue diez veces más duro que el gozo que obtuviste gracias a la avaricia. Si puede encontrarse algún lado positivo a esa debacle es que has aprendido la lección y que ahora vas a saber evitar los mismos errores.

Ahora ves el mundo de otra forma. Cuentas con una nueva estrategia sobre cómo operar en los mercados, los negocios y la vida, determinada por los errores que cometiste cuando caíste en la trampa de la avaricia y el miedo. Ahora sabes cómo actuar cuando se presente la oportunidad.

Te sientes confiado en que esta nueva visión es la correcta. Ahora mereces ser más listo. Parece injusto pasar por algo tan duro como aquello por lo que has pasado y no salir más listo. Antes estabas equivocado, pero ahora estás en lo correcto. Nadie quiere oír que pasó por todo ese esfuerzo y dolor y aún no merece tener razón.

Y merecer tener razón significa que se te debería recompensar por tenerla. Esfuerzo equivale a recompensa. Así es como funciona el mundo, ¿no?

Es duro despertarte por la mañana y mirarte en el espejo sin decirte a ti mismo que puedes tomar buenas decisiones.

¿No es esa una idea inocente? ¿Que mereces tener razón?

Y ya volvemos a estar justo donde empezó esta historia.

Cómo ser infeliz al gastarte tu dinero

Breve guía para tomar malas decisiones.

Una importante realidad de la vida es que a menudo cuesta saber qué va a hacerte feliz, pero, en cambio, es muy fácil identificar lo que va a hacerte infeliz.

Al encontrarte ante un problema difícil —y cómo utilizar el dinero de una forma que mejore tu vida desde luego lo es—, puede ayudarte abordarlo en sentido inverso, reduciendo y excluyendo lo que no funciona hasta que lo que quede sea una aproximación decente de rasgos favorables. La evolución funciona de una manera parecida, pues destruye de una forma tan implacable lo que no funciona que lo que permanece suele funcionar muy bien. O piensa en la salud: qué alimentos son positivos es un debate eterno, y nadie que sea honesto con los resultados puede decir que sepa cuál es la dieta perfecta. Sin embargo, lo que es negativo está mucho más claro. No tengo ni idea de si una copa de vino tinto es algo positivo, pero estoy seguro al cien por cien de que el tabaco no lo es.

Una vez, un muchacho le hizo esta pregunta a Charlie Munger: «¿Qué consejos le daría a alguien como yo para tener éxito en la vida?». Munger respondió: «No tomes cocaína. Deja pasar primero los trenes en los pasos a nivel. Y evita toda situación que pueda causar el sida».[1] Es decir, tener éxito sabiendo primero lo que hay que evitar.

Del mismo modo, yo no puedo decirte cómo gastarte el dinero porque no soy tú. Y no puedo decirte lo que va a hacerte feliz porque aún estoy intentando averiguar qué me hace feliz a mí. Cada persona es distinta y la vida es compleja. Pero lo que conduce a una vida infeliz suele ser universal y claro.

Así pues, a continuación te presento una breve guía sobre cómo ser infeliz con tu dinero.

Fíjate en el grupo socioeconómico justo por encima del tuyo suponiendo que, si formas parte de él, alcanzarás cierto grado de felicidad duradera. Cuéntate que estarás satisfecho en cuanto ganes un poco más de dinero, tengas una casa un poquito más bonita y puedas gastar un poquito más que ahora. Olvida que el grupo al que perteneces ahora antes era un sueño que pensabas que te traería satisfacción y felicidad.

Trata de aumentar tu estatus en detrimento de la independencia. Supón que la felicidad depende de que grandes cantidades de desconocidos se queden impresionados por tus posesiones materiales, cuando en realidad depende de la magia oculta de ser dueño de tu tiempo.

Deja que el dinero —ganarlo, gastarlo y acumularlo— se convierta en una parte nuclear de tu identidad. Dedica más tiempo a pensar en el dinero que en la vida que has construido con ese dinero.

Gasta una parte tan considerable de tus ingresos que dependas por completo de las decisiones de otras personas, por ejemplo, jefes y banqueros, a muchos de los cuales no les importas en absoluto.

Ten la fantasía de que tener más dinero es la solución a todos tus problemas. Cuéntate que despertarías cada mañana con una sonrisa en la cara si tuvieras solo un poco más de dinero. Imagina que a los demás les caerías mejor, te admirarían más, tendrías más amigos y unas relaciones más sanas. Créete que ninguno de tus miedos, ansiedades, dudas y confusiones actuales en la vida existirían si tuvieras más dinero que ahora.

Supón que el dinero no puede resolver ninguno de tus problemas y que es el origen del mal y el ego. Este punto puede ser igual de peligroso que el anterior. El dinero es una herramienta extraordinaria, capaz de proporcionarte independencia y los placeres que son consecuencia de los miles de años en que los seres humanos han ido descubriendo cómo hacer que la vida sea más confortable, entretenida e instructiva. Qué tragedia vivir en un mundo en el que creas que los esfuerzos acumulados de los cien mil millones de personas que existieron antes que tú no han producido nada digno de tu tiempo y atención.

Ten una ideología del ahorro tan extrema que nunca seas capaz de darte un capricho que puedes permitirte. Actúa como si el único propósito del dinero fuera acumularse en tu cuenta bancaria, donde en lugar de una herramienta para vivir una vida mejor has creado en realidad un pasatiempo de contabilidad.

Al evaluar tu vida, supón que todo tu éxito se debe al trabajo duro y todo tu fracaso a la mala suerte. Al juzgar a los demás, supón que todo fracaso se debe a malas decisiones y todo éxito, a la suerte. Sitúa el ego por encima de la empatía. Esta es la vía más segura para desconectarte de la realidad de lo que puedes controlar o no en la vida.

Compara tu interior con el exterior de los demás, envidia el éxito ajeno sin tener una imagen completa de su vida. Supón que los coches, las casas, la ropa, las joyas y los perfiles de redes sociales de los demás son un reflejo preciso de lo felices que son. Cuéntate que, como poseen cosas bonitas, también deben de tener buenas relaciones, una buena salud, claridad moral, inteligencia emocional y una satisfacción general en la vida.

Ignora los costes sociales, emocionales y de expectativas ocultos que entrañan ciertas compras. Ignora lo que algunas compras provocarán en la impresión que los demás tienen de ti. Olvida que tal vez habrás creado un umbral que tendrás que superar en la siguiente compra, lo que es una forma oculta de deuda.

No seas consciente de tu tendencia al arrepentimiento. Enciérrate tanto en la burbuja de tu momento actual u obsesiónate tanto por el largo plazo que termines echando la vista atrás y preguntándote en qué demonios estabas pensando.

Asocia patrimonio neto con autoestima (ya sea la tuya o la de los demás). Piensa que el dinero es el sistema de puntuación definitivo para cuantificar el éxito de una persona en la vida; o, peor todavía, supón que el aspecto material de los demás es un indicador preciso de la cantidad de dinero que tienen.

Trata todas las decisiones financieras como si fueran solo decisiones matemáticas sin tener en cuenta las posibles emociones, el valor sentimental y el deseo de alimentar tu alma. Interésate más por hacer felices a las hojas de cálculo que por hacerte feliz a ti.

Déjate convencer por los consejos y el estilo de vida de personas que necesitan o quieren algo que tú no necesitas ni quieres. Quiere lo que la sociedad dicta que deberías querer. Desea lo que los expertos en *marketing* dictan que deberías desear. Busca en los demás, incluso en desconocidos, respuestas a lo que es mejor para ti. Olvida que las necesidades y los deseos humanos son un espectro amplio.

Vincula tus expectativas de estilo de vida a las personas más exitosas que conoces, lo que te hará desarrollar una mentalidad en la que incluso un éxito excepcional en tu vida va a parecerte insuficiente. Esto supone, básicamente, firmar un contrato contigo mismo para ser infeliz.

Sé tan optimista que tus expectativas aumenten más deprisa que tus ingresos. Vive en un mundo en el que las cosas mejoran, pero tú no aprecias ninguna de ellas porque ya te lo esperabas todo y más.

Pon en riesgo lo que necesitas para obtener algo que no necesitas. Pon en riesgo relaciones con tu familia y amigos por el potencial de un aumento de sueldo que tendrá poco impacto en tu vida, o pon en riesgo lo bien que duermes por la noche por un coche nuevo al que nadie prestará atención.

Sobrevalora la atención que recibes por tener cosas bonitas, y supón que esta es un reflejo de que la gente te admira y no de que, en realidad, están fantaseando con tener lo que tienes.

Supón que tienes todas las respuestas correctas. No pruebes nada nuevo. Rechaza el misterio de la vida y combate toda inclinación a crecer, adaptarte y cambiar de opinión. No tengas curiosidad por ningún punto de vista alternativo. Supón que lo que sabes sobre el dinero es todo lo que hay que saber y debate con vehemencia cuando descubras información que podría contrade-cir tus opiniones actuales. Trata el dinero como tal vez trates la religión, con devoción antes que curiosidad y con ortodoxia an-tes que exploración.

Y así, te lo garantizo, te encaminarás hacia la infelicidad. Pero ahora déjame que te cuente cómo he intentado yo evitar todo esto.

Cuanto más afortunado seas, más amable deberías ser

Mi vía sencilla para tener una buena vida financiera.

Kevin Costner, uno de los mejores y más exitosos actores de la época actual, contó una vez una anécdota que me dejó perplejo.

Costner tenía un amigo —que no dice quién es, pero cuando juntas las piezas resulta casi seguro que se refiere a Michael Blake— que tras años escribiendo textos apenas había tenido éxito.

«Lo envié a muchas entrevistas» para que encontrase un empleo, relató Costner. «[Pero] la información que me llegaba siempre era que sacaba de quicio a todo el mundo.»

El amigo presionaba a Costner para que le presentase contactos. «Aunque todo escritor piensa que lo último que ha escrito es lo mejor que ha escrito, quizás los textos no sean lo bastante buenos y punto», le contestaba el actor sin tapujos.

Un día, el amigo llamó a Costner y le dijo: «Kevin, no tengo un sitio donde dormir, ¿podría pasar unos días en tu casa?». Se había quedado sin techo.

«Y allí se quedó un par de meses», explicó Costner. El amigo escribía frenéticamente todo el tiempo: «Escribía todas las noches. Y me decía: "¿Vas a leer lo que he escrito hoy?"».

«Yo le decía que no.» Era como si Costner viera al amigo como un gato callejero al que había que compadecer, no como a un colaborador de su gremio al que admirar y del que aprender.

«Empezó a leerle lo que escribía a mi hija, que tenía tres años, cada noche —contó Costner—. Al final mi mujer me dijo: "Cariño, se tiene que ir". Y yo le dije a él: "Sí, tienes que irte."»

Y el amigo se fue. Terminó en Arizona, lavando platos en un restaurante chino.

Meses después, llamó a Costner y le preguntó: «¿Has leído algo de lo que he escrito?».

«No», le confesó él.

El actor, que se sentía mal, le mandó al amigo —que al parecer seguía viviendo en la calle— un saco de dormir.

Más adelante, el amigo le llamó y volvió a preguntarle: «¿Has leído algo de lo que he escrito?».

Molesto, Costner cedió.

«Finalmente leí lo que había escrito —concluyó el actor—. Era *Bailando con lobos*.»[1]

La novela terminó siendo un éxito absoluto. La adaptación cinematográfica obtuvo siete premios Óscar y convirtió a Costner en una superestrella.

Nunca sabes de dónde podría venir la suerte en la vida.

Enseguida hablaremos más de eso.

————

Mi madre dice que empecé a contar centavos cuando tenía tres años. No quería contar nada más. Solo dinero.

Charlie Munger dijo una vez que, cuando enseñas cuestiones de dinero a los jóvenes, o bien lo entienden al instante o no lo pillan nunca. Yo no creo que eso sea tan de blanco o negro. Pero, al reflexionar sobre mi propia vida, tengo dudas. Desde que gané mi primer sueldo de adolescente, he ahorrado e invertido un 10 por ciento o más de cada dólar que he ganado. Siempre me ha parecido que era lo correcto: no creo que nadie me lo enseñara y nunca ha sido un desafío. Simplemente me parecía obvio que había que hacerlo.

Mi esposa y yo no gastamos mucho, porque no deseamos mucho. Vivimos una vida que está muy bien, pero la mayor parte de lo que valoramos y nos gusta hacer no es muy caro: ir de excursión, cuidar el jardín, leer, escribir, sacar a nuestro perro a dar largos paseos, pasar tiempo de calidad con nuestros hijos, cosas de este tipo. El nivel de ingresos que hemos obtenido a lo largo de los años ha variado de forma drástica, pero lo que nos gusta hacer no.

Nos amaríamos igual que ahora si fuésemos pobres —y desde luego nos amábamos cuando lo éramos—, pero hemos utilizado el dinero que hemos ahorrado a lo largo de los años para ser independientes, y no tengo palabras para expresar lo gratificante que ha sido. Siendo más específicos: mi esposa no tiene un empleo fuera de casa y yo selecciono los trabajos que me parecen interesantes y rechazo el resto, es decir, valoramos siempre la independencia antes que los ingresos. Estas dos decisiones tienen un componente financiero, pero en ninguna de las dos nos ha parecido que rechazábamos dinero, sino que comprábamos tiempo.

Mi único objetivo financiero es irme a la cama tranquilo todas las noches, sabiendo que mi familia está bien y que puedo dedicar el siguiente día a hacer lo que quiero, cuando quiero, con quien quiero y durante el tiempo que quiero. Para mí no tiene ningún interés conseguir unos réditos por encima de la media del mercado. Nunca se me ha pasado por la cabeza impresionar a mis vecinos. Estos objetivos parecen basarse en puntos de referencia externos, en los que la victoria no se define por lo bien que te estén yendo las cosas, sino solo por si te están yendo mejor que a algún desconocido. A mí eso siempre me ha parecido un juego absurdo. La independencia proporciona la mayor rentabilidad que se puede comprar con dinero, y no creo que nada se le acerque ni de lejos.

Nuestra vida financiera es muy sencilla. Mi esposa y yo nos conocimos en la universidad, fusionamos nuestras finanzas poco después (antes de casarnos) y en realidad no hablamos mucho de dinero porque no hay mucho de qué hablar. No hay presupuestos, ni hojas de cálculo detalladas, ni estrategias sofisticadas ni objetivos arbitrarios. Todo nuestro patrimonio neto es una casa, dinero líquido, fondos indexados y acciones de Markel Group, donde formo parte del consejo de administración. No estamos endeudados. Compramos casi todo lo que queremos, pero, como no queremos mucho, esto nunca ha sido un problema, algo que era cierto cuando ganábamos una miseria y ha seguido siendo cierto durante los años en que hemos tenido más ingresos. También hemos experimentado con tantas decisiones de gasto vinculadas a distintos estilos de vida a lo largo de los años que estamos seguros de que no nos estamos privando de placeres en aras de ahorrar más.

No ha sido todo perfecto. He hecho malas inversiones, he tomado decisiones tontas y, como la mayoría de los padres, mi esposa y yo nos preguntamos si les estamos transmitiendo los valores financieros adecuados a nuestros hijos. Nadie puede reconocer cuántas formas distintas hay de vivir una vida y lo imperfectas que son y afirmar con honestidad que lo está haciendo todo bien. Yo también he cambiado de opinión sobre muchas cosas con los años. Y la lección que hay que sacar tras haber cambiado de opinión es plantearte cuál de tus convicciones va a ser la siguiente que actualices.

Cuando aceptas lo caótico que puede ser el dinero, valoras una simplicidad suficientemente buena por encima de la falsa comodidad de la complejidad. A lo largo de los años se me han ocurrido algunas ideas sencillas que orientan la forma en que reflexiono sobre el dinero en mi propia casa.

- Gasta menos de lo que ganas.
- Acumula con discreción aprovechando el interés compuesto.

- El dinero está a tu servicio, no al revés.
- Nadie está pensando en ti tanto como tú.
- Independencia es riqueza.
- Salud es riqueza.
- Aspira a ser un buen antepasado.
- Ama a tu familia.

Esta es una lista bastante exhaustiva.

Y ahora volvamos a Kevin Costner.

———

Benjamin Franklin no dijo que la honestidad fuera la mejor moral: dijo que era la mejor política.[2] Esta actitud es lo que va a ayudarte y a situarte en la mejor posición para ganar más dinero a la larga.

Y de ahí se puede sacar una conclusión sobre la amabilidad.

Hay dos motivos para ser amable con todo el mundo. Uno es moral; el otro es egoísta. Moralmente, deberías hacerlo porque eres empático. Desde una perspectiva egoísta, deberías hacerlo porque es fácil infravalorar de cuántas personas vas a terminar dependiendo cuando necesites ayuda, y solo obtendrás su colaboración si les caes bien.

La anécdota de Kevin Costner es un ejemplo fantástico de que nunca sabemos de dónde podría terminar llegándonos la ayuda en la vida y de cómo personas que no encajan en la imagen del éxito tal vez tengan los conocimientos que estamos buscando.

El mundo es desigual: siempre lo ha sido y siempre lo será. El talento es desigual, y mejor que sea así. Pero la asociación instintiva entre riqueza y conocimientos se vuelve peligrosa cuando piensas que es absoluta. Tenemos la suerte de vivir en un mundo que es muy rico, con muchas oportunidades y con mucha abundancia material. Sin embargo, también se ha vuelto más fácil que nunca suponer peligrosamente que solo quienes se visten de una determinada manera, viven de una determinada forma y ganan cierta cantidad de ingresos merecen que les prestemos atención.

Así pues, déjame que te proponga una última reflexión sobre el dinero: cuanto más afortunado seas, más amable deberías ser.

Tener dinero puede potenciar quién eres, pero también puede cegarte y no dejarte ver quiénes son los demás.

Si tienes la suerte de vivir en una zona del mundo próspera, en una época próspera, rodeado por la posibilidad de aprender del mundo y expresar quién eres —es decir, si eres un beneficiario de los esfuerzos y el conocimiento acumulados de los cien mil millones de personas que te precedieron—, deberías esforzarte más todavía por apreciar lo que no se puede comprar con dinero.

El dinero puede potenciar o amplificar una vida increíble, pero no puede crear una vida maravillosa por sí solo.

Debes entender que personas que han tomado decisiones distintas a las tuyas y han obtenido un resultado distinto del tuyo pueden ser igual de listas, graciosas, lúcidas y dignas que tú. Ellas hacen lo que tiene sentido para sí mismas e intentan encontrar su camino en un mundo complejo. Tú haces lo que tiene sentido para ti e intentas encontrar tu camino en un mundo complejo.

Y así llegamos justo a donde empezamos, con un recordatorio de que todo comportamiento tiene sentido cuando dispones de suficiente información y de que estamos todos solos en nuestra búsqueda de la vida sencilla.

Agradecimientos

Como todos los libros, *El arte de gastar dinero* no hubiera sido posible sin la colaboración de muchísimas personas que me han ayudado durante el proceso. Son demasiadas para nombrarlas a todas, pero hay algunas que me han brindado una especial ayuda:

Gretchen, Miles y Reese, cuyo apoyo y amor son inquebrantables.

Brian Richards, quien apostó por mí antes que nadie.

Craig Shapiro, quien creyó en mí cuando no tenía por qué hacerlo.

Jenna Abdou, quien me ayuda sin pedir nada a cambio.

Noah Schwartzberg, Mollie Glick y Adrian Zackheim, quienes hicieron que todo este libro fuera una realidad.

Craig Pearce, quien me anima, me guía y me mantiene con los pies en la tierra.

Y, además, los comentarios y palabras de ánimo constantes de Chris Hill, Doug Boneparth, Michael Antonelli, David Senra y muchísimas personas más.

Gracias.

Notas

Introducción. La búsqueda de la vida sencilla

1. Robert Kurson, Crashing Through: *A True Story of Risk, Adventure, and the Man Who Dared to See*, Random House, 2007, p. 49.
2. Gretchen Rubin, «Carl Jung's Five Key Elements to Happiness», *Psychology Today*, 23 de febrero de 2012, <psychologytoday.com/us/blog/the-happiness-project/201202/carl-jungs-five-key-elements-happiness>.
3. Luke Burgis, *Wanting: The Power of Mimetic Desire in Everyday Life*, St. Martin's Press, 2021. En español, *¡Lo quiero! El poder del deseo mimético*, Tendencias, 2022.
4. «Benjamin Franklin», *The Historian's Hut* (blog), 20 de julio de 2018, <thehistorianshut.com/2018/07/20/benjamin-franklin-17>.

Todo comportamiento tiene sentido cuando dispones de suficiente información

1. The Wilkes-Barre Record, 28 de junio de 1928.
2. Frederick Lewis Allen, *Only Yesterday: An Informal History of the 1920s*, Harper & Brothers, 1931.
3. Charlotte Cowles, «How to Run a Multimillion-Dollar Business and Still Nap Every Day», *The Cut*, 1 de enero de 2024, <thecut.com/article/how-tiffany-aliche-gets-it-done.html>.
4. Billy Markus (@@BillyM2k), «always remember that humans are not rational, we are rationalizing; thus all of us strongly believe all sorts of stuff that isn't true and that would be quite difficult to con-

vince us otherwise no matter the facts and evidence», X, 13 de febrero de 2024, <x.com/BillyM2k/status/1757537741473226925>.

5. «Cartoon Science (How Emotions Are Made)», publicado el 21 de febrero de 2017, por Lisa Feldman Barrett, YouTube, <youtube.com/watch?v=K_rjOY0kdII>.

6. Lisa Feldman Barrett, *How Emotions Are Made: The Secret Life of the Brain*, Mariner Books, 2017. En español, *La vida secreta del cerebro. Cómo se construyen las emociones*, Ediciones Paidós, 2018.

7. Jonathan Haidt, *The Righteous Mind: Why Good People Are Divided by Politics and Religion*, Vintage, 2013, pp. 18-19. En español, *La mente de los justos*, Deusto, 2019.

8. David McRaney, *How Minds Change: The Surprising Science of Belief, Opinion, and Persuasion*, Portfolio, 2022.

9. Rob Henderson, «'Luxury Beliefs' That Only the Privileged Can Afford», *Wall Street Journal*, 9 de febrero de 2024, <wsj.com/us-news/education/luxury-beliefs-that-only-the-privileged-can-afford-7f6b8a16>.

10. Tim Maurer, «Personal Finance Is More PERSONAL Than It Is FINANCE», *Financial Life Planning*, 16 de noviembre de 2011, <https://tim.signaturefd.com/p/personal-finance-is-more-personal?utm_source=publication-search>.

11. «George Carlin—Idiot and Maniac», <youtube.com/watch?v=XWPCE2tTLZQ>.

Un poco de atención, por favor

1. Adam Smith, *The Theory of Moral Sentiments*, 1759, cap. 2, disponible en <knarf.english.upenn.edu/Smith/tms132.html>. En español, *La teoría de los sentimientos morales*.

2. Shannon Sharpe (@@ShannonSharpe), «.@@ochocinco saved 83% of his salary by flying Spirit & wearing fake jewelry», X, 30 de enero de 2023, <x.com/ShannonSharpe/status/1620223077702586370>.

3. «Jeff Bezos: Old Honda?», publicado el 1 de septiembre de 2023, por Way, YouTube, <youtube.com/watch?v=tc0a28KrWKo>.

4. Sarah Jackson, «Jeff Bezos' Yacht Reportedly Cost $500 Million and Is the Largest Sailing Yacht in the World. Here's What We

Know», *Business Insider*, 14 de noviembre de 2023, <businessinsider.com/jeff-bezos-yacht>.

5. John Brownlee, «Steve Jobs's Quest for Perfection Could Make Even Buying a Sofa into a Decade-Long Ordeal», *Cult of Mac*, 25 de octubre de 2011, <cultofmac.com/125861/steve-jobss-quest-for-perfection-could-make-even-buying-a-sofa-into-a-decade-long-ordeal>.

6. Jennifer Breheny Wallace, *Never Enough: When Achievement Culture Becomes Toxic—and What We Can Do About It*, Portfolio, 2023, p. 121.

7. Jan-Willem van der Rijt, «The Vice of Admiration», *Philosophy*, 93, núm. 1, 2018, pp. 69-90, <doi.org/10.1017/S0031819117000353>.

8. Alice Schroeder, *The Snowball: Warren Buffett and the Business of Life*, Bantam, 2008. En español, *La bola de nieve: Warren Buffett y el negocio de la vida*, Valor Editions de España, 2018.

Las personas más felices que conozco

1. Nina Norman, «Summary: How Proust Can Change Your Life: Valuable Insights Into Living Your Best Life by Alain de Botton», *Paminy*, 10 de diciembre de 2023, <paminy.com/book-summary-how-proust-change-your-life-valuable-insights-living-best-life>.

2. Oxford Reference, <oxfordreference.com/display/10.1093/acref/9780191826719.001.0001/q-oro-ed4-00007730>.

3. Perfil de Peter Mallouk, X, <x.com/PeterMallouk>.

4. «The Purpose of Life Nixon», publicado el 9 de julio de 2011, por JM, YouTube, <youtube.com/watch?v=Pc3IfB23W4c>.

Todo lo que no ves

1. Amber Paranick, «Deaths of John Adams and Thomas Jefferson on July 4th», *Headlines & Heroes* (blog de la Biblioteca del Congreso de Estados Unidos), 6 de julio de 2022, <blogs.loc.gov/headlinesandheroes/2022/07/deaths-of-john-adams-and-thomas-jefferson-on-july-4th>.

2. *The Solitary Billionaire: J. Paul Getty*, entrevistado por Alan Whicker, emitido el 24 de febrero de 1963, en la BBC, <bbc.co.uk/programmes/p00nw1t5>.

3. Patrick O'Shaughnessy (@@patrick_oshag), «Rick Rubin

sums up why I believe in the idea of 'growth without goals'. 'It's hard to get really depressed until your dreams come true. Once your dreams come true and you realize you feel the same way you did before then you get a feeling of hopelessness because you feel like», X, 13 de agosto de 2023, <x.com/patrick_oshag/status/1690759146792972288>.

4. Jay Shetty (@@jayshettypodcast), «@@rickrubin gets deep during our time on the podcast If you haven't listened yet you can now on all audio platforms or you can watch on YouTube», Instagram, 29 de septiembre de 2023, <instagram.com/reel/CxxhghROPxF>.

5. Jessica Roy, «Here Are the 50 States Ranked by How Happy Their Residents Are», *Time*, 24 de febrero de 2014, <time.com/9465/here-are-the-50-states-ranked-by-how-happy-their-residents-are>.

6. Daniel Kahneman, «Focusing Illusion», *s. f.*, respuesta a la pregunta anual «2011: What Scientific Concept Would Improve Everybody's Cognitive Toolkit?», *Edge*, <edge.org/response-detail/11984>.

7. Daniel Kahneman, *Thinking, Fast and Slow*, Farrar, Straus and Giroux, 2011. En español, *Pensar rápido, pensar despacio*, Debate, 2012.

8. Michele W. Berger, «Does More Money Correlate with Greater Happiness?», *Penn Today*, 6 de marzo de 2023, <penntoday.upenn.edu/news/does-more-money-correlate-greater-happiness-Penn-Princeton-research>.

9. Ben Cohen, «Taylor Swift Is Still Intimidated by the Fear of Being Average», *Wall Street Journal*, 21 de diciembre de 2023, <wsj.com/arts-culture/music/taylor-swift-eras-tour-success-a2358af7>.

10. Jimmy Carr (@@jimmycarr), X, 29 de mayo de 2024, <x.com/jimmycarr/status/1796572824393703882>.

11. 000 Marc Randolph (@@mbrandolph), «I'm Marc Randolph, co-founder of Netflix & 6 other companies. This is my definition of success», X, 28 de mayo de 2024, <x.com/mbrandolph/status/1795468885245976631>.

El activo financiero más valioso es no necesitar impresionar a nadie

1. Nicholas Tomalin y Ron Hall, *The Strange Last Voyage of Donald Crowhurst*, 1970, reimpr., International Marine/Ragged Mountain Press, 2003.

2. Alice Schroeder, *op. cit.*

Lo que te hace feliz

1. Robert Kurson, *op. cit.*, p. 132.

2. William Dawson, *The Quest of the Simple Life*, E. P. Dutton and Co., 1907.

3. Arnold Schwarzenegger (@@Schwarzenegger), «I heard that the way you go viral on this site is by making a big list of things you have to do. Let me try. You should mostly eat food you know is healthy, there is no magic food. You should also occasionally let yourself eat delicious food you know isn't healthy.», X, 18 de diciembre de 2023, <x.com/Schwarzenegger/status/1736816475426664558>.

4. Morgan Housel, «What We Said When the World Changed», Collaborative Fund, 5 de abril de 2017, <collabfund.com/blog/what-we-said-when-the-world-changed>.

Los adinerados y los ricos

1. John Updike, «Poor Little Rich Boy», *The Guardian*, 20 de junio de 2003, <theguardian.com/books/2003/jun/21/featuresreviews.guardianreview34>.

2. Arthur T. Vanderbilt II, *Fortune's Children: The Fall of the House of Vanderbilt*, William Morrow, 1989, p. 415.

3. David Senra (@@FoundersPodcast), «When Cornelius Vanderbilt died he had more money than the U.S. Treasury This story is wild! New episode available now!», X, 11 de marzo de 2024, <twitter.com/founderspodcast/status/1767302892132962454?s= 43>.

4. Arthur T. Vanderbilt II, *op. cit.*

5. Arthur T. Vanderbilt II, *op. cit.*, p. 343.

6. *Ibidem.*

7. Rebecca Fowler, «'Inherited Wealth Is a Real Handicap to Happiness. It Is as Certain a Death to Ambition as Cocaine Is to Morality'—William K. Vanderbilt», *Independent*, 11 de julio de 1996, <independent.co.uk/news/inherited-wealth-is-a-real-handicap-to-happiness-it-is-as-certain-a-death-to-ambition-as-cocaine-is-to-morality-william-k-vanderbilt-1328294.html>.

8. *The Queen of Versailles*, dirigida por Lauren Greenfield, Evergreen Pictures, 2012. «Queen of Versailles» (fragmento de la transcrip-

ción de *The Queen of Versailles*), subsaga.com, *s. f.*, <subsaga.com/bbc/do cumentaries/factual/storyville/2012-2013/14-queen-of-versailles.html>.

9. Harvey S. Firestone, *Men and Rubber: The Story of Business*, 1926, reimpr., Latticework, 2023, p. 26.

10. Emily Burack, «Anderson Cooper Wants to Teach His Sons the Value of Earning a Living», *Town & Country*, 13 de septiembre de 2023, <townandcountrymag.com/society/money-and-power/a451243 05/anderson-cooper-sons-inheritance>.

11. Brian Murphy, «Charles Feeney, Philanthropist Who Gave Away His Billions, Dies at 92», *Washington Post*, 10 de octubre de 2023, <washingtonpost.com/obituaries/2023/10/10/chuck-feeney-philanthropist-duty-free-dies>.

12. «An Entrepreneur, Always», The Atlantic Philanthropies, *s. f.*, <atlanticphilanthropies.org/chuck-feeneys-story/chapter-1>.

13. David Perell (@@david_perell), «The people I admire most have a way of escaping the bubble of culture. Sometimes via religion; sometimes via old books; sometimes via time in nature. Without such an escape, propaganda wins. You stop thinking for yourself. Modern delusions grow into an all-consuming mind virus.», X, 25 de noviembre de 2023, <twitter.com/david_perell/status/1728627591651975341>.

14. «Kahneman Resolves Conflict on Income-Wellbeing Study, Finds Point at Which Unhappiness Stops Decreasing for Unhappy People», Kahneman-Treisman Center for Behavioral Science & Public Policy, Universidad de Princeton, nota de prensa, 8 de marzo de 2023, <behavioralpolicy.princeton.edu/news/DK_wellbeing0323>.

15. Marcel Schwantes, «Warren Buffett Says Your Greatest Measure of Success at the End of Your Life Comes Down to 1 Word», Inc., 13 de septiembre de 2018, <inc.com/marcel-schwantes/warren-buffett-says-it-doesnt-matter-how-rich-you-are-without-this-1-thing-your-life-is-a-disaster.html>.

¿Por la utilidad o por el estatus?

1. «Sour Grapes | The World's Most Notorious Wine Forger | True Crime | FULL ENGLISH DOCUMENTARY», publicado el 19 de mayo de 2022, por Gravitas Documentaries, YouTube, <youtu be.com/watch?v=5LGibBYuj5U>.

2. Amy X. Wang, «Inside the Delirious Rise of 'Superfake' Handbags», *The New York Times*, 4 de mayo de 2023, actualizado el 28 de junio de 2023, <nytimes.com/2023/05/04/magazine/celine-cha nel-gucci-superfake-handbags.html>.

3. David Brooks, «The Haimish Line», *The New York Times*, 29 de agosto de 2011, <nytimes.com/2011/08/30/opinion/brooks-the-haimish-line.html>.

Riesgo y remordimientos

1. Andrea Mandell, «Katie Cassidy Shares Father David Cassidy's Last Words: 'So Much Wasted Time'», *USA Today*, 24 de noviembre de 2017, <usatoday.com/story/life/people/2017/11/24/katie-cassidy-shares-father-david-cassidys-last-words-so-much-wast ed-time/893367001>.

2. J. Nielsen *et al.*, «Eye Lens Radiocarbon Reveals Centuries of Longevity in Greenland Shark (Somniosus microcephalus)», *Science*, 353, núm. 6300 (2016), pp. 702-704.

3. Bill Perkins, *Die with Zero: Getting All You Can from Your Money and Your Life*, Mariner Books, 2020, texto de solapa. En español, *Morir con cero*, Ediciones Obelisco, 2022.

4. Nick Maggiulli (@@dollarsanddata), X, 3 de abril de 2024, <x.com/dollarsanddata/status/1775501677438677460>.

5. Felicitie C. Bell y Michael L. Miller, «Life Tables for the United States Social Security Area 1900–2100», publicación de la SSA núm. 11-11536 (Administración de la Seguridad Social (SSA), agosto de 2005), <ssa.gov/oact/NOTES/pdf_studies/study120.pdf>.

6. «Jeff Bezos—Regret Minimization Framework», Youtube, 20 de diciembre de 2008, <youtube.com/watch?v=jwG_qR6XmDQ>.

Fijarse en los demás

1. Michael Collins, *Carrying the Fire: An Astronaut's Journeys*, 1974, ed. del 50.º aniversario, Farrar, Straus and Giroux, 2019, Kindle.

2. Patrick O'Shaughnessy, presentador, *Invest Like the Best*, pódcast, episodio 337, «Building Thrive Capital», 18 de julio de 2023,

<joincolossus.com/episodes/60539836/kushner-building-thrive-capi tal?tab=transcript>.

3. Lawrence Yeo, «The Antidote to Envy», *More to That* (blog), *s. f.*, <moretothat.com/the-antidote-to-envy>.

4. Sumit Agarwal, Vyacheslav Mikhed y Barry Scholnick, «Peers' Income and Financial Distress: Evidence from Lottery Winners and Neighboring Bankruptcies», *Review of Financial Studies*, 33, núm. 1 (enero de 2020), pp. 433-472, <academic.oup.com/rfs/arti cle-abstract/33/1/433/5488177>.

5. Charlie Munger, citado en Morgan Housel, «FOMO the Worst Financial Trait», Collaborative Fund, 19 de enero de 2023, <collabfund.com/blog/fomo-the-worst-financial-trait>.

6. Jennifer Breheny Wallace, *op. cit.*

La riqueza sin independencia es una forma peculiar de pobreza

1. Celtics Wire, «How Antoine Walker Lost $108,000,000, but Found His Way Again», Yahoo Sports, 15 de julio de 2023, <sports. yahoo.com/antoine-walker-lost-108-000-090045760.html>.

2. Bloomberg, «Basketball Star Who Went Bankrupt Wishes He'd Gotten an MBA», *InvestmentNews*, 19 de noviembre de 2014, <investmentnews.com/industry-news/archive/basketball-star-who-went-bankrupt-wishes-hed-gotten-an-mba-59681>.

3. Lester Munson, «Antoine Walker Wants Your 'Writ of Pity'», ESPN.com, 3 de junio de 2010, <espn.com/espn/commentary/news/story?page=munson/100603>.

4. «Interview with Former Pro Football Player and Math PhD Candidate John Urschel», *MIT Faculty Newsletter*, 30, núm. 2 (noviembre/diciembre 2017), <web.mit.edu/fnl/volume/302/urschel. html>.

5. Nassim Taleb, *Skin in the Game: Hidden Asymmetries in Daily Life*, Random House, 2018. En español, *Jugarse la piel*, Booket, 2021.

6. Benjamin Stupples, «Margin Calls, Lawsuits Squeeze Wealth of Leveraged Executives», Bloomberg, 26 de febrero de 2024, <bloom-berg.com/news/articles/2024-02-26/margin-calls-lawsuits-squeeze-wealth-of-leveraged-executives>.

Deuda social

1. Frank Lucas, *Original Gangster*, Ebury, 2010, p. 243.
2. Elisabeth Ginsburg, «Lottery Winners Years Later», *The New York Times*, 31 de enero de 1993, <nytimes.com/1993/01/31/nyre gion/lottery-winners-years-later.html>.
3. M. G. Bianco, *Letters to My Sons: A Humane Vision for Human Relationships*, CreateSpace, 2014.

Identidad

1. Tim O'Reilly, citado en Cheng-Wei Hu, *Weekly I/O#77*, <chengweihu.com/io/money-is-gasoline>.
2. Harvey S. Firestone, *op. cit.*, p. 128.
3. Paul Graham, «Keep Your Identity Small», Paul Graham (blog), febrero de 2009, <paulgraham.com/identity.html>.
4. Sonia Fernandez, «New Research Shows Genetic Mutation Known for Alzheimer's Disease Is Associated with Higher Fertility in Women», *The Current* (Universidad de California en Santa Bárbara), 10 de agosto de 2023, <news.ucsb.edu/2023/021170/new-research-shows-genetic-mutation-known-alzheimers-disease-associated-higher>.
5. 000 CNBC, «Full Transcript from CNBC's 'Charlie Munger: A Life of Wit and Wisdom'», CNBC.com, 30 de noviembre de 2023, <https://www.cnbc.com/2023/11/30/full-transcript-from-cnbcs-charlie-munger-a-life-of-wit-and-wisdom-.html>.
6. Dee Hock, citado en Morgan Housel, «Mental Liquidity», Collaborative Fund, 29 de marzo de 2023, <collabfund.com/blog/mental-liquidity>.

Probar cosas nuevas

1. Safi Bahcall, *Loonshots: How to Nurture the Crazy Ideas That Win Wars, Cure Diseases, and Transform Industries*, St. Martin's, 2019.
2. John M. Barry, *The Great Influenza: The Epic Story of the Deadliest Plague in History*, Viking, 2004. En español, *La gran gripe*, Capitán Swing Libros, 2020.

3. David Montgomery, «54% of Americans Read a Book This Year», 21 de diciembre de 2023, YouGov, <today.yougov.com/enter tainment/articles/48239-54-percent-of-americans-read-a-book-this-year>.

4. Anthony de Mello, *The Way to Love*, Doubleday, 1992.

Tu dinero y tus hijos

1. Según lo cuenta Chris Davis.

2. Faith Hill, «The New Age of Endless Parenting», *The Atlantic*, 9 de julio de 2024, <theatlantic.com/family/archive/2024/07/modern-parenting-grown-children/678942>.

3. Alice Schroeder, *op. cit.*

4. Arthur T. Vanderbilt II, *op. cit.*, p. 26.

5. Jennifer Breheny Wallace, *op. cit.*

6. Rob Henderson, *Troubled: A Memoir of Foster Care, Family, and Social Class*, Gallery Books, 2024.

7. Alan Cooperman, «Most U.S. Parents Pass Along Their Religion and Politics to Their Children», Pew Research Center, 10 de mayo de 2023, <pewresearch.org/short-reads/2023/05/10/most-us-parents-pass-along-their-religion-and-politics-to-their-children>.

A las hojas de cálculo les dan igual tus sentimientos

1. Jason Zweig, «The Real Value of a Home», Jason Zweig (blog), 30 de noviembre de 2015, <jasonzweig.com/the-real-value-of-a-home>.

2. *Jazz*, dirigido por Ken Burns, PBS, 2001.

Los detalles

1. Rory Sutherland, *Alchemy: The Dark Art and Curious Science of Creating Magic in Brands, Business, and Life*, Mariner Books, 2019.

2. Jamie Catherwood (@@InvestorAmnesia), «Calvin Coolidge took the meaning of 'frugal' to another level . . . The juxtaposition of Coolidge's cost-cutting measures with today's federal spending is pretty insane. Taken from the @@FinanceMuseum Summer issue.»,

X, 21 de noviembre de 2023, <twitter.com/InvestorAmnesia/status/1727001307100406152>.

3. Ron Chernow, *Titan: The Life of John D. Rockefeller, Sr*, Vintage, 2004.

4. Alice Schroeder, *op. cit.*

5. Barron's, «The $1000 Hot Dog», publicado por Davis Funds, *s. f.*, <davisfunds.com/insights/video/hotdog-video-barron>.

El ciclo de vida de la avaricia y el miedo

1. *New York: A Documentary Film*, dirigido por Ric Burns, PBS, 1999-2003.

Cómo ser infeliz al gastarte tu dinero

1. Charlie Munger, citado en Morgan Housel, «Charlie Munger's Humorous Advice», The Motley Fool, 5 de abril de 2017, <fool.com/investing/general/2008/02/22/charlie-mungers-humorous-advice.aspx>.

Cuanto más afortunado seas, más amable deberías ser

1. Tae Kim (@@firstadopter), «This is a good story», Threads, 15 de julio de 2023, <threads.net/@@firstadopter/post/CuuWTSSuusD?igshid=MTc4MmM1YmI2Ng%3D%3D>.

2. Gracias a Charlie Munger por esta cita.